Frank Natho

Die Lösung liegt im Team

Handbuch zur Arbeit mit der Skalierungsscheibe im Rahmen von Problemlösung und Teamentwicklung

2. erweiterte Auflage

Dank

Ich danke allen Teams und Gruppen, die sich in Supervision, Teamentwicklung und Fortbildung auf die Arbeit mit diesem Verfahren eingelassen und mit ihren Rückmeldungen und Anregungen die Entwicklung dieser Methode unterstützt haben.

Frank Natho

2.Auflage 2013
2013 Edition Gamus
www.gamus.de
Fotos: Frank Natho
Printed in Germany
ISBN 978-3-940789-05-1

Inhalt

Vorwort zur ersten Auflage

Seit den 1970er Jahren wurde viel über Teamarbeit publiziert und die Vorstellung davon, was Teamarbeit bedeutet und wie sie auszusehen hat, veränderte sich ständig. Inzwischen findet man immer mehr Bücher, die sich mit Team- und Gruppenarbeit unter systemischen Gesichtspunkten beschäftigen. Hier spielt vor allem die Idee der Selbststeuerung eine große Rolle. Das heißt, Teams leiten sich im Wesentlichen selbst. Sie benötigen nur wenige Inputs von außen, um sich weiterzuentwickeln oder neues Wissen zu produzieren. Diese Selbststeuerungsfähigkeit macht keineswegs den Leiter[1], Moderator oder Supervisor überflüssig, doch seine Aufgaben haben sich in diesem Zusammenhang ganz erheblich verändert. Er ist nicht mehr der ausschließliche Experte für die Lösung schwieriger Fälle oder der einzige Fachmann, der das letzte Wort hat, sondern er ist eher eine Art Katalysator, der den Selbstlernprozess unterstützt und geeignete Anregungen für die Selbststeuerung gibt. Er sorgt für eine kommunikative Atmosphäre, in der Ideen generiert, Meinungen vernetzt und neues Wissen gebildet werden können. Das ist der Nährboden für hoch motivierte und autonome Teamkulturen. Für einen Leiter, der diese Herausforderung annimmt, natürlich keine ganz leichte Aufgabe. Es liegt nahe, sich dafür geeignetes Handwerkszeug zu suchen. Eine Methode, die sich hier gut bewährt hat, ist die Arbeit mit der Skalierungsscheibe und genau dieses Arbeitsverfahren wird im vorliegenden Handbuch detailliert beschrieben.

Die Arbeit mit der Skalierungsscheibe erleichtert Leitern selbstlernender Teams die Arbeit vor allem in den Bereichen Problemlösung, Entscheidungsfindung und in der Teamentwicklung. Hier wurde das Arbeitsinstrument in den letzten Jahren umfangreich erprobt.

Frank Natho 2005

---

[1] Wenn in diesem Buch allgemein von Leitern, Moderatoren, Kollegen oder von speziellen Berufs- oder Personengruppen die Rede ist, so geschieht dies der Einfachheit halber in der männlichen Form. Gemeint sind ebenso Leiterinnen, Moderatorinnen, Kolleginnen und sämtliche Frauen anderer Berufs- bzw. Personengruppen.

Vorwort zu zweiten Auflage

Zehn Jahre sind nun seit der Entwicklung der Skalierungsscheibe zwischen 2002 und 2004 vergangen und das vorliegende Buch, auch oft im Zusammenhang mit der Skalierungsscheibe beim Verlag Edition Gamus Dessau bestellt, erfreut sich einer konstanten Nachfrage. Offensichtlich hat die von mir entwickelte methodische Vorgehensweise einige Freunde gefunden, aber mit Sicherheit viele Menschen interessiert. So wurde beispielsweise auf die Homepage www.skalierungsscheibe.de in den letzten 6 Jahren rund 50.000 Mal zugegriffen und ich selbst habe auf Anfrage viele Vorträge und Workshops zu dieser Thematik in den letzten Jahren gehalten.

Zunächst konzipierte ich die Skalierungsscheibe für die Teamarbeit und Teamsupervision, weil mir auffiel, dass sich gerade in langfristig zusammenarbeitenden Teams Kommunikationsdynamiken einschleifen, die es externen Beratern schwer machen, Unterschiede zu erzeugen und damit Entwicklungen anzuregen. Viele Teams zeigen sich immer wieder sehr beharrlich in der Erhaltung ihrer Probleme, die meiner Meinung nach entstehen, wenn nicht genügend vernetzungsfähige Unterschiede kommuniziert werden. Da ich mir meine Arbeit als Supervisor und Coach erleichtern wollte, lag hier zunächst meine Aufmerksamkeit. Es entstand eine Vorgehensweise zur Lösung verfestigter Problemkonstruktionen. Sie wird im ersten Teil des Buches beschrieben. Zur Anregung von Entwicklungen im Team entwarf ich einige der sogenannten thematischen Skalierungsblätter. Diese Skalierungsblätter, beispielsweise zur Motivation im Team oder zum Wirksamkeitserleben und nützliche didaktische Anregungen hierzu, werden im zweiten Teil des Buches vorgestellt.

Eingeleitet wird das Buch mit einem Aufsatz zum Thema „Selbstlernende Teams – Wie man Teams leitet, die sich selbst leiten oder Unterschiede haben Vorrang", zuerst veröffentlicht bei: Rieforth, J. (2006) Das ist ein Aufsatz, der grundsätzliche Annahmen zur Selbstorganisation von lebenden Systemen wie Teams, Gruppen oder Gesellschaften diskutiert und die Nützlichkeit für die Unterschiedserhaltung und Unterschiedsbildung im Zusammenhang mit Entwicklung und Lernen in Systemen verdeutlichen soll.

Nach 2005 entwarf ich einige Anwendungen der Skalierungsscheibe in klassischen Beratungskontexten, wie Erziehungsberatung, Paarberatung oder Schuldnerberatung. Der interessierte Leser findet dazu weitere Aufsätze in der 2. Auflage des Buches: Hinter dem Horizont geht´s weiter. Systemische Wege und Lösungen für Beratung und Erziehung. Natho, F. (Hrsg). (2012), ebenfalls erschienen bei Edition Gamus in Dessau.

Frank Natho 2013

Selbstlernende Teams – wie man Teams leitet, die sich selbst leiten oder Unterschiede haben Vorrang*

Frank Natho

Abstract

Dass Teams sich nicht steuern lassen wie triviale Maschinen, erfahren Teamleiter, Supervisoren und Teamentwickler täglich in ihrer Praxis. Teams haben eine eigene Dynamik, die nur schwer von außen zu beeinflussen ist. Es gibt unterschiedliche theoretische Konzepte, die versuchen, das Phänomen von Selbststeuerung bzw. Selbstlernen zu erklären. Bei genauerer Betrachtung einiger Konzepte fällt auf, dass insbesondere Unterschiede als elementare Informationseinheiten eine bedeutende Rolle bei der Anregung von Selbststeuerungs- und Selbstlernprozessen spielen. Die Unterschiede in einem System sind damit ein wichtiger Schlüssel für die Antwort auf eine zentrale Frage, wie man Teams oder Gruppen leitet, die sich selbst leiten. Der Umgang mit den Unterschieden im Team entscheidet darüber, ob Entwicklungen eher angeregt oder ob sie blockiert werden. Leiter selbstlernender Teams benötigen vor allem Kompetenz im Umgang mit Unterschieden und ein entsprechendes methodisches Know-how zur Unterschiedsbildung.

Einige Aspekte von Selbst- und Fremdsteuerung und ihre Bedeutung für die Praxis der Teamleitung werden genauer dargelegt. Konkrete Vorschläge für die Anregung von Selbstlernprozessen im Team werden unter Berücksichtigung des Konzepts der Themenzentrierten Interaktion von R. Cohn unterbreitet. Darüber hinaus wird die Skalierungsscheibe, ein Instrument zur Unterschiedsbildung im Team, in ihrer Wirkungsweise vorgestellt.

---

* Dieser Aufsatz wurde zuerst veröffentlicht in: Rieforth, J. (Hrsg.). Triadisches Verstehen in sozialen Systemen. Gestaltung komplexer Wirklichkeiten. Ausgewählte Beiträge zur Jahrestagung der Deutschen Gesellschaft für Systemische Therapie und Familientherapie (DGSF) an der Carl von Ossietzky Universität Oldenburg 2005. Carl-Auer Verlag, Heidelberg, 2006. S. 201-211. Für die Veröffentlichung im vorliegenden Buch wurde der Aufsatz bearbeitet und verändert.

1. Selbststeuerung versus Fremdsteuerung

1.1. Systemtheoretische und neurobiologische Grundlagen

Soziale Systeme organisieren sich selbst. Das ist spätestens seit der von Niklas Luhmann in der Systemtheorie eingeleiteten sogenannten autopoietischen Wende Standardwissen eines jeden systemischen Beraters, Therapeuten, Supervisors und Organisationsberaters. Eine Grundaussage von Luhmann lautet: Systeme sind operational geschlossen und lassen sich nicht direkt von außen steuern (Luhmann, 1984, S.478). Heinz von Foerster, ebenfalls ein Systemtheoretiker, hält uns weiter vor Augen, dass soziale Systeme keine trivialen Maschinen sind, in die man oben etwas hineinwirft und aus denen dann unten das gewünschte Produkt heraus kommt (von Foerster, 1995). Die Fähigkeit zur Selbststeuerung gilt natürlich auch für Teams und Gruppen. Sie sind keine Automaten, keine trivialen Maschinen, die man wie Autos steuern kann oder die man mit Informationen, mit Wissen füttert, bis sie irgendwann nach einem vorher genau festgelegten Prozedere das gewünschte Ergebnis ausspucken. Eine wesentliche Grundlage für die Selbststeuerung ist die operationale Geschlossenheit eines Systems.

Auch die Forschungsergebnisse der modernen Neurobiologie und Hirnforschung stützen das Konstrukt von der operationalen Geschlossenheit lebender Systeme. So tauschen Menschen, nach Gerhard Roth, einem Neurobiologen und Hirnforscher, keine Informationen im eigentlichen Sinne untereinander aus (Roth, 1996, S.59). Das Sender-Empfänger-Modell bzw. das Input-Output-Modell zur Beschreibung von Kommunikation hat damit endgültig ausgedient. Und auch der allseits beliebte Vergleich des Gehirns mit einem Computer, welcher Informationen speichert und verarbeitet, ist falsch. Das Gehirn als operational geschlossenes System empfängt keine Signale, die Bedeutungen enthalten. Das Gehirn lässt sich lediglich von außen erregen. Informationen im Sinne von Kommunikation haben für unser Gehirn keine Bedeutung an sich. Sie sind nicht mehr als biochemische, physische Reize, die durch einen langen internen Lernprozess, wie Versuch und Irrtum, erst mit Bedeutung versehen wurden (Roth, 1997, S.105ff). Auch hier wird deutlich, Wissen ist nicht das Ergebnis eines von außen kommenden Informationsflusses, sondern das Resultat eines internen Lernprozesses, dessen vorrangiges Ziel es ist, Ereignisse in der Umwelt mit Bedeutung zu versehen. Ein operational geschlossenes System ist deshalb auch immer ein selbstlernendes System. Menschen lassen sich nicht mit Wissen abfüllen, sondern sie entwickeln ein ganz eigenes Wissen aus sich selbst heraus, ein ganz eigenes Verständnis von der Welt, die sie umgibt. Wissen kann man demzufolge nicht besitzen wie man ein Buch besitzt und man kann es auch nicht weitergeben. Wissen muss immer wieder aufs Neue ganz individuell entwickelt werden.

1.2. Selbst- und Fremdsteuerung in Theorie und Praxis

All das weiß man natürlich als Systemiker bzw. als Berater, der nach systemischen Konzepten arbeitet. Ein lebendiges System, das sich aus Menschen zusammensetzt und als Team oder Gruppe bezeichnet wird, kann man nicht direkt von außen steuern. Ein Team, eine Gruppe hat kein Steuerrad, keine Hebel und keine Eingabetastatur. Es organisiert sich selbst und ist selbstlernend. Wenn einem Team prinzipiell zugetraut wird, dass es sich selbst steuern kann, benötigt es auch keinen Input im herkömmlichen Verständnis von Information. Umso verwunderlicher ist es, dass Leiter, Berater und sogar Supervisoren immer wieder versuchen, auf Teams ganz direkt Einfluss zu nehmen und den Kollegen wohlgemeinte Ratschläge erteilen. Man weiß, aus systemtheoretischer Sicht, dass diese Inputs nicht wirklich hilfreich sind und doch, die Versuchung, direkt Einfluss nehmen zu wollen, ist enorm groß. Außerdem will man ja nur helfen und wenn das Team nicht selbst auf die Lösung kommt, muss man den Kollegen eben sagen, was richtig und was falsch ist oder wie das Problem zu lösen ist. Fremdsteuerung passiert eben. Theorie und Praxis, das weiß man ja, gehen manchmal unterschiedliche Wege und unter bestimmten Voraussetzungen funktioniert eine solche Fremdsteuerung offensichtlich auch für eine gewisse Zeit. Doch was in der Situation einer Beratung oder einer Anleitung gelegentlich zu funktionieren scheint, kann langfristig gesehen zu enormen Problemen führen.

Das beste Beispiel für mich, und hier spreche ich aus eigener Erfahrung, ist die sozialistische Planwirtschaft in der DDR und anderen sozialistischen Ländern Europas. Hier versuchte man, ein besonders eigenwilliges lebendiges System, nämlich die Volkswirtschaft, von außen zu steuern. Eine Partei, die von sich glaubte, die einzig wahre Stimme des Volkes zu sein, legte Pläne fest, was wann und wie viel produziert werden sollte und schrieb den Bürgern vor, welche materiellen Bedürfnisse sie in Abhängigkeit von der Wirtschaft entwickeln sollten. Die Einheitspartei hob sämtliche Unterschiede auf. Alle Betriebe wurden volkseigen und zentral gesteuert, die Bauern mussten sich zu großen Genossenschaften zusammenschließen und die kleinen Privatunternehmen wurden ganz abgeschafft. Eine Zeit lang schien dies auch zu funktionieren. Dann waren die Ressourcen aufgebraucht und das System verlor immer mehr an Substanz. Mit der Zentralisierung und dem damit gekoppelten Unterschiedsverlust ging der Volkswirtschaft immer mehr die Flexibilität und Eigendynamik verloren, bis sie mit dem Zusammenbruch wieder die Selbststeuerung übernahm. Auch die zeitweiligen Erfolge in den 1970er Jahren waren nur oberflächlich und kurzfristig. Je mehr man versuchte, die Volkswirtschaft nach parteipolitischen Interessen auszurichten, umso besser organisierte sich die Schattenwirtschaft. Es entstand ein riesiger Schwarzmarkt und eine enorme Kreativität wurde aufgebracht, um am Allgemeinwohl vorbei sein eigenes Scherflein ins Trockene zu bringen. Fremdsteuerung führt zur Vereinheitlichung und zum Abbau von vernetzungsfähigen und sich selbst generierenden Unterschieden. Fremdsteuerung aktiviert eben nicht die Verantwortung des Einzelnen für seine berufliche Selbstverwirklichung und damit für das gemeinsame Ziel, sondern verstärkt den Rückzug ins Private und wirkt in höchstem Maße demotivierend.

1.3. Nachteile von Fremdsteuerung in der Teamarbeit

Auch Teams regulieren sich bei Fremdsteuerung auf einer mikrosystemischen Ebene ähnlich. Mitarbeiter werden unzufrieden, weil sie nicht gefragt oder beteiligt werden. Sie sind häufiger krank, da sie sich in Kooperation mit den anderen nicht selbst verwirklichen können. Im

Mikrokosmos latenter Unzufriedenheit beginnen Mitarbeiter innerlich zu kündigen, sich gegenseitig zu mobben oder sich gegen den Leiter und das Unternehmen zu verbünden.

Doch wie kommt es, dass Teams, die sich prinzipiell selbst organisieren, sich von außen dennoch in einem gewissen Grade steuern lassen? Eine wesentliche Voraussetzung für Fremdsteuerung ist eine hinreichend große Abhängigkeit des Teams vom Leiter, Vorgesetzten oder vom Unternehmen. Abhängigkeit der Mitarbeiter vom Unternehmen und die Macht des Leiters auf Grund hierarchischer Strukturen im Unternehmen ermöglichen bis zu einem gewissen Grad Fremdsteuerung. In verschiedenen Zusammenhängen kann Fremdsteuerung, also ein gezielt von außen angeregtes spezielles Verhalten im Team für eine bestimmte Zeit durchaus sinnvoll sein. Insbesondere dann, wenn zur Bewältigung einer gemeinsamen Aufgabe bloßes Funktionieren der Mitarbeiter erforderlich ist. Die Fremdsteuerung unterbricht jedoch den internen Selbstlernprozess im Team mit folgenden Konsequenzen (Natho, 2005, S.59):

- Abbau von entwicklungsanregenden Unterschieden

Vereinheitlichung von Denken und Handeln in Teams und Unternehmen. Wir müssen alle an einem Strang ziehen! Wir müssen alle der gleichen Ansicht sein. Konsenzorientierte Kommunikation dominiert. Entwicklung eines stärkeren Wir-Gefühls. Konflikte werden vermieden und wenn sie auftreten, als extrem störend erlebt.

- Reduktion von Kreativität für die Lösung gemeinsamer Ziele

Kollegen erledigen ihren Dienst nach Vorschrift. Mitarbeiter erwarten Anweisungen vom Leiter oder Lösungen von externen Beratern. Die Ursachen für Probleme im Team werden außerhalb des Teams gesucht.

- Einschränkung von Flexibilität und Dynamik

Kollegen sind gehemmt, eigene Entscheidungen zu treffen und umzusetzen. Sie sichern sich, bevor sie etwas außerhalb der eingefahrenen Arbeitsroutine tun, beim Leiter ab. Die Risikobereitschaft im Team nimmt ab.

- Verstärkung der Abhängigkeit vom Leiter und dessen Anweisungen

Die Wichtigkeit des Leiters für die Aufrechterhaltung von Arbeitsabläufen nimmt zu. Das Erleben von Selbstwirksamkeit der Kollegen im Team nimmt im Gegenzug ab. Wenn Arbeitsprozesse stagnieren, dann sieht das Team die Verantwortung dafür beim Leiter und weniger bei sich selbst.

- Senkung der Eigeninitiative

Kollegen im Team denken nicht mehr mit, sie führen nur noch aus. Die Bereitschaft, Fehler zu machen und diese als Lernanregungen zu verstehen, nimmt ab. Teammitglieder achten weniger auf sich, dafür mehr auf andere im Team. Die gegenseitige Kontrolle im Sinne der Leitungsvorgaben wächst. Das Anfangs noch angenehme Wir-Gefühl schlägt um in Misstrauen. Gut ist, wer die Vorgaben des Leiters erfüllt.

- innere Kündigung

Manche Kollegen sind oft nur noch physisch anwesend, ihre Begeisterung gilt Dingen außerhalb des Arbeitsprozesses. Das Warten auf den Feierabend, das Wochenende oder den Urlaub motiviert durchzuhalten. Kollegen erleben sich in ihrer Freizeit selbstwirksamer als im Arbeitsprozess. Die Personalfluktuation im Unternehmen nimmt zu.

- latenter bis offener Widerstand gegen Anweisungen

Für das eigene Unwohlsein im Arbeitsprozess als Teammitglied, Mitarbeiter werden das Unternehmen, der Leiter oder die Arbeitsanliegen des Unternehmens verantwortlich gemacht. Verborgene bis offene, das Unternehmen schädigende Handlungen treten auf. Widerstände gegen Arbeitsanweisungen, die außerhalb der Routine liegen, häufen sich.

- Die Bereitschaft, eigene Ressourcen aufzuspüren, einzubringen und zu vernetzen, ist reduziert. Das heißt, die Mitarbeiter erleben und zeigen sich unmotiviert, sind kaum bereit, Energie in Visionen oder andere Neuentwicklungen zu investieren.

Eine dauerhafte Fremdsteuerung unterbricht den Selbstlernprozess und führt zum Verlust kollektiver Souveränität im Team. Dies erschwert die berufliche Selbstverwirklichung und senkt auf Dauer die Motivation und die Leistungsbereitschaft und erhöht das Risiko, eine Burnout-Erkrankung zu entwickeln.

2. Selbstlernende Teams leiten

Die jedem Team innewohnende Fähigkeit, auf eigene Ressourcen zurückzugreifen, sie zu vernetzen und daraus neue systemadäquate Lösungen zu entwickeln, verstehe ich in erster Linie als Selbstlernprozess, der bei Fremdsteuerung erheblich eingeschränkt ist (Natho, 2004, S.49f). Die Frage ist nun, wie leitet man Teams, die sich im Grunde genommen selbst leiten können? Wie lässt sich der Lernprozess, wenn er denn ins Stocken geraten ist und sich eben genannte Symptome zeigen, wieder dynamisieren? Wie kann man als Leiter, Berater oder Supervisor Entwicklungen anregen, statt sie vorzuschreiben? Ein solches Leitungsverhalten bezeichne ich in Anlehnung an das luhmannsche Autopoiese-Konzept als autopoiese-zentrierten Leitungsstil. Dieser setzt in erster Linie auf Selbstleitung der Kollegen und damit auf Selbstlerndynamiken und Synergieprozesse.

2.1. Jeder im Team leitet sich selbst

Ruth Cohn, eine für die Entwicklung der Gruppenpädagogik bedeutsame Frau, hat auf die Frage, wie man Teams leitet, die sich selbst leiten, eine einfache Antwort. Sie postulierte in ihrem Modell der Themenzentrierten Interaktion (TZI) „Sei dein eigener Chairman“ (Cohn, 1983, S.121), was soviel bedeutet wie: Jeder ist sein eigener Leiter und für sich selbst verantwortlich. Sich selbst leiten heißt, sich mit seinen Wünschen, Kompetenzen und Grenzen wichtig zu nehmen und sich dadurch als Interaktionspartner im Team zur Verfügung zu stellen.

Wenn ich als Leiter Selbstlernprozesse unterstützen will, geht es in erster Linie darum, eine Beziehungs- und Kommunikationskultur zu begünstigen, die den Einzelnen im Team als Produzent von Wissen und Erfahrung in Kooperation mit den anderen Kollegen bringt. Das heißt, der Einzelne im Team (Ich) mit seinen Erfahrungen, Gefühlen und Zielen spielt eine große Rolle, wenn es darum geht, Unterschiede für einen Selbstlernprozess bereitzustellen und sinnvoll zu vernetzen. Jeder Einzelne muss sich auf seine Weise aus dem Team herausheben können, um als sichtbarer Unterschied gegenüber anderen einen Entwicklungsimpuls geben zu können. Nur wenn es im Team unterschiedliche Meinungen und Positionen gibt, wird es Entwicklungsanregungen geben. Sind im Denken und Handeln alle gleichgeschaltet (gibt es im Team also nur ein Wir), bricht der Selbstlernprozess zusammen. Die Balance zwischen Ich und Wir im Team ist übrigens gut an der Kommunikation des Teams abzulesen: wird häufiger in der Ich-Form oder in der Wir-Form gesprochen? Zur Unterstützung ihres Interaktionsmodells hat Cohn deshalb die Kommunikationsregel „Sprich per Ich und nicht per Wir oder per Man!“ aufgestellt (ebd. 1983. S.124). Eine zur Schaffung von Unterschieden äußerst hilfreiche Regel. Sie sollte allerdings im Team nicht zum Gesetz erhoben werden, sondern ihre Realisierung nur dann angeregt werden, wenn der interne Lernprozess stagniert. Selbststeuerungsprozesse benötigen eine hohe Komplexität und hinreichend viele vernetzungsfähige Unterschiede.

2.2. Aktive Toleranz oder Unterschiede haben Vorrang

Vom Ich zum Wir. Der sich selbst leitende Kollege braucht natürlich das Wir, die anderen im Team, um sich abheben zu können. Seine Autonomie wird nur möglich durch eine Bezogenheit zu den anderen. Die Beziehung zwischen Ich und Wir ermöglicht erst die Vernetzung von Unterschieden und damit die Herausbildung von Wissen. Das heißt, ich muss als Leiter eine Beziehungs- und Kommunikationskultur unterstützen, die Unterschiede integriert und nicht isoliert.

Eine Schlüsselkompetenz, die es hier im Team zu entwickeln gilt, bezeichne ich gern als aktive Toleranz (Natho, 2004, S.59f). Ein Verhalten, das mehr ist als die bloße Akzeptanz des Unterschiedes. Das herkömmliche Toleranzverständnis lässt sich wohl am ehesten mit dem Grundsatz „Ich bin o.k. und du bist o.k." beschreiben. Diese Haltung erlaubt zwar Unterschiede, aber sie wirkt nicht vernetzend. Dieses Phänomen lässt sich auch wieder in gesellschaftlichen Zusammenhängen beobachten. Die in Deutschland lebenden ausländischen Mitbürger werden selbstverständlich toleriert, doch ein tatsächlich kultureller Anschluss gelingt oftmals nicht. So bleibt ein Teil der ausländischen Mitbürger unter sich, im Stadtteil, in der Straße, die wiederum von anderen eher gemieden werden. Herkömmliche Toleranz ist eine zwischenmenschliche Interaktion, die das Spannungsniveau im Team senkt und Auseinandersetzungen im Team eher verhindert. Dies ist für den Lernprozess im Team wenig nützlich. Sinnvoll dagegen ist, wenn ein Teammitglied seine Kollegen bei der Entwicklung einer anderen Meinung unterstützt, um sich mit seiner eigenen Haltung daran reiben zu können. Das ist aktive Toleranz. Dazu braucht es ein störungs-, kritik- und fehlerfreundliches Klima im Team. Ruth Cohn versuchte eine solche lernfreundliche Atmosphäre in Gruppen herzustellen, indem sie postulierte: „Störungen haben Vorrang" (Cohn, 1983, S.122f).

Aus systemischer Sicht sollte man vielleicht sagen, Unterschiede haben Vorrang. Ein autopoiese-zentrierter Leitungsstil fördert die Fehlerfreundlichkeit im Team, hebt Unterschiede im Denken, Verhalten und Fühlen hervor und fokussiert deren Entwicklungschancen. So entsteht eine gute Balance zwischen Ich- und Wir-Entwicklung.

2.3. Vom Ich über das Wir zur Selbstverwirklichung

Ein wesentlicher Selbststeuerungsfaktor ist die Balance zwischen dem Einzelnen (Ich), dem Team als Gemeinschaft insgesamt (Wir) und der gemeinsamen Aufgabe bzw. dem Ziel.

Ich werde von Leitern in unseren Fortbildungen oft nach einem Rezept zur Motivation ihrer Mitarbeiter gefragt. Lange Zeit glaubte man ja, man müsse die Kollegen nur tüchtig wertschätzen und viel loben, um sie zu motivieren. Was von vielen Leitern in den Teams umgesetzt wurde, doch nur zu mäßigem Erfolg führte. Die Systemischen Berater und Therapeuten sind am teilweise inflationären Gebrauch der Wertschätzung nicht ganz unschuldig. Schließlich sind sie diejenigen gewesen, die die Wertschätzung und den Respekt als Intervention besonders gepriesen haben und noch preisen. Leider hat sich inzwischen, so meine Beobachtung, in der Praxis eine Wertschätzungskultur eingeschlichen, die sehr nach Eigenlob aussieht. So wertschätzt man die Kollegen häufig nur dann, wenn sie das gut gemacht haben, was man als Leiter oder Berater von außen zuvor vorgegeben bzw. angeordnet hat. Also nur dann, wenn die Kollegen und deren Meinungen den Vorstellungen des Leiters entsprechen. Eine solche Wertschätzung taugt, meiner Meinung nach, nicht zur Motivation. Im Gegenteil, sie wirkt auf Dauer demotivierend, weil sie die Selbststeuerung blockiert.

Meine Antwort auf die Frage, wie lassen sich Kollegen motivieren, lautet meistens: Mitarbeiter sind immer motiviert, wenn sie einen Arbeitsrahmen vorfinden, in dem sie sich selbst verwirklichen und sich dabei gegenseitig unterstützen können. Dies gilt zumindest für psychisch gesunde Mitarbeiter. Was ich damit sagen will ist: Ich bin davon überzeugt, dass den Menschen ein natürliches Bedürfnis innewohnt, produktiv tätig zu sein. Die meisten Menschen wollen produktiv tätig sein. Der Mensch wächst und entwickelt sich mit seiner Arbeit. Er identifiziert sich mit seinem beruflichen Handeln, er erschafft sich darin praktisch täglich selbst. Er ist mit sich und seinem Produkt zufrieden oder unzufrieden. Das ist Motivation, sie muss nicht künstlich durch einen Leiter erzeugt werden, sie braucht lediglich einen Rahmen, in dem sie sich entfalten kann.

Die Möglichkeit, sich mit Hilfe anderer selbst zu verwirklichen, ist ein wesentlicher Faktor für Motivation. Man arbeitet nur auf ein Ziel hin, das einen persönlichen Nutzen, einen persönlichen Gewinn in Aussicht stellt. Das muss nicht immer Geld sein. Wir wissen, dass für viele Beschäftigte das soziale Miteinander oder ein gutes Beziehungsklima wichtiger ist als ein besonders hohes Gehalt. Jeder verfolgt also seine eigenen Interessen in der Regel mit dem Bewusstsein, diese mit Hilfe der anderen im Team erreichen zu können. Selbstverwirklichung durch Kooperation, das ist der Sinn von Teamarbeit überhaupt. Ich habe noch keinen gesunden Menschen getroffen, der sich freiwillig für fremde Ziele aufopfert. Auch nicht für die

Ziele des Leiters oder des Unternehmens. Es müssen schon seine eigenen Ziele sein.

Ist die Schnittmenge zwischen den Interessen im Team und denen des Unternehmens groß und komplex genug, wird sich ein äußerst dynamischer Prozess entwickeln. Aufgabe einer autopoiese-zentrierten Leitung wäre es in diesem Zusammenhang, die individuellen und kollektiven Gewinnvorstellungen zu fokussieren und einen kommunikativen Rahmen zu schaffen, in dem es erlaubt ist, egoistisch zu sein und von sich und anderen alles zu fordern, was zur Erreichung des Ziels führt.

3. Die Skalierungsscheibe, eine unterschiedsbildende Technik zur Aktivierung von Selbstlernprozessen im Team

3.1. Grundlagen der Skalierungsscheibe

Auch wenn Teams sich selbst leiten, wird der Job des Leiters nicht überflüssig. Will er die Selbststeuerung unterstützen, braucht er vor allem Kompetenz im Managen von Unterschieden. Die Skalierungsscheibe stellt eine von Natho (2004, 2005a & b) entwickelte Arbeitstechnik dar, die Selbstlernprozesse im Team aktiviert und hilft, Unterschiede zu erzeugen und diese produktiv für den Arbeitsprozess zu nutzen.

Die Skalierungsscheibe wurde von mir ursprünglich als Arbeitsverfahren für die Teamsupervision, speziell zur Auflösung von Problemen in der Teamarbeit entwickelt. Eine zeitweilige Vorliebe für Skalierungsfragen, die als Interventionstechnik auf Berg und de Shazer zurückgehen (Berg & de Shazer, 1993, S.152) und die Arbeit mit Brett-Systemrekonstruktionen, wie beispielsweise das Familienbrett (Ludewig, et al. 1983), brachten mich auf die Idee, beide Techniken miteinander zu verknüpfen und so entstand nach einiger Zeit des Experimentierens, vor allem in den Arbeitsfeldern Teamsupervision und Teamentwicklung, die sogenannte Skalierungsscheibe.

Das Konzept der Unterschiedsbildung geht auf Bateson zurück. Er postulierte, dass Informationen als Entwicklungsanregung nur dann eine Bedeutung haben, wenn sie einen Unterschied beschreiben (Bateson, 1999,

S.582). Diese äußerst abstrakte Beschreibung von Entwicklung wird von de Shazer als Problemlösungstechnik in Beratung und Therapie in Form von Skalierungsfragen praktisch umgesetzt. Immer wieder stellte er seinen Klienten Skalierungsfragen, Prozentfragen und arbeitete mit Zahlen auf imaginären Skalen. Es ließ damit den Unterschied selbst für sich arbeiten (de Shazer 2004, S.174). Menschen erschaffen sich und ihre Umwelt durch Kommunikation. Unterschiede sind wesenstypisch und ergeben sich aus der prinzipiellen Subjektivität von Kommunikation.

3.2. Material und Funktionsweise der Skalierungsscheibe

Die Skalierungsscheibe verknüpft beide Arbeitsansätze: die Systembrett-Techniken und die Skalierungsfragen. Sie visualisiert damit den kleinen Unterschied und schafft eine Möglichkeit, detailliert die Bedeutung, die Umstände und die Wirkungen von Wahrnehmungen und Kommunikation herauszuarbeiten.

Abb.1 Die Skalierungsscheibe

Bei der Skalierungsscheibe handelt es sich um eine runde Scheibe, deren Mittelpunkt gekennzeichnet ist, welcher den jeweiligen zu differenzierenden Sachverhalt kennzeichnet (Abb.1). Ringförmig um den Mittelpunkt herum befinden sich 7 Skalen, die mit einem Zahlenwert gekennzeichnet sind, der von der Mitte (7) bis zum äußeren Ring (1) abfällt. So ergibt sich für den Nutzer aus jeder Perspektive eine Skala von 1 bis 7. Die Teammitglieder werden mittels farbiger Figuren dargestellt. Jedes Teammitglied erhält eine Figur, die dann entsprechend einer zuvor ermittelten Position (Skalierungswert) zu einer Frage oder Aussage auf die Scheibe in den entsprechenden Skalierungsring gestellt wird. Die dann aufgestellten Teammitglieder, die in der Regel ganz unterschiedliche Positionen einnehmen, weil sie die gestellte Frage aus ihrer eigenen Perspektive bewerten müssen, sind Ausgangspunkt für ein Gespräch über die Unterschiede und die damit verknüpften individuellen Sichtweisen im Team. In der Reflexion des Team-Skalierungsbildes (Abb.1) entstehen interessante Reibungspunkte, Neuigkeiten, Ausnahmen und alternative Sichtweisen, die sinnvolle Entwicklungsreize schaffen, ohne dass diese von außen vorgegeben werden.

3.3. Probleme im Team lösen und Entwicklungen anregen

Um auch tatsächlich entwicklungsanregende Unterschiede im Team zu generieren, ist wichtig, dass die Kollegen während sie ihren eigenen Standpunkt (Zahlenwert) zu einer Frage finden, nicht in einen Austausch miteinander kommen. Nur so ist gewährleistet, dass jedes Teammitglied seine eigene Sichtweise und Bewertung der Dinge vornehmen kann. So lassen sich beispielsweise mit diesem Arbeitsverfahren auch spezifische Probleme und festgefahrene Situationen im Team lösen. Denn eine generalisierte und von allen Kollegen geteilte bzw. übereinstimmende Sichtweise hinsichtlich der problematischen Situation ist typisch für die Problemtrance im Team. Nur durch unterschiedliche Sichtweisen wird eine Selbstlerndynamik und damit auch der Lösungsprozess aktiviert. Nach einem festgelegten Prozedere (Natho, 2005a, S.28ff & 2005b, S.258f und auch im vorliegenden Buch) lassen sich so im Team Blockaden auflösen und Probleme lösen. Der Teamleiter nimmt dabei lediglich die Rolle eines Moderators ein. Die Lösungen werden aus den Unterschieden heraus im Team selbst erarbeitet. Folgende Fragen unterstützen die Reflexionsrunden:

- Welche Neuigkeiten habe ich von anderen Kollegen erfahren?
- Welche Haltungen im Team wurden eher bestätigt, welche eher nicht?
- Welche Tendenzen wurden sichtbar? Welche Auswirkungen haben sie?
- Zu welchen Aussagen gibt es viele unterschiedliche Positionen im Team?
- Welche konkreten Wahrnehmungen stehen hinter den skalierten Werten?
- Die Gesamtskalierung welcher Aussage brachte die meisten Überraschungen, Unterschiede oder Gemeinsamkeiten? Welche Impulse ergeben sich daraus?

Auch für die Teamentwicklung ist die Skalierungsscheibe geeignet. Welche Kompetenzen ein Team benötigt, um eine gemeinsame Arbeit zum Nutzen aller zu erledigen, entscheidet ein Selbstlernendes Team selbst. Das heißt, der Leiter gibt keine spezifischen Verhaltensnormen vor. Jeder im Team kann seine eigenen Kompetenzen und ihm eigenen Verhaltensmuster einbringen, um seinen Teil an der Gesamtaufgabe zu leisten. Funktioniert dies gut und sind alle miteinander und mit dem Ergebnis zufrieden, ist keine von außen angeregte Teamentwicklung notwendig. Erst wenn Blockaden, Lösungsengpässe oder Unzufriedenheit im Team auftauchen, ergibt sich ein Bedarf an Teamentwicklung. Welche Kompetenzen dann von jedem einzelnen Kollegen entwickelt werden müssen, hängt von vielen Faktoren ab, unter anderem von der Aufgabe, die es zu lösen gilt. Ein Idealteam gibt es nicht. Je nachdem, wo das Team Störungen und Ressourcen vermutet, muss es seine Aufmerksamkeit dorthin lenken und nach möglichen alternativen Verhaltensweisen suchen. In meiner Arbeit als Supervisor und Teamentwickler stieß ich dabei immer wieder auf besonders anfällige als auch ressourcenträchtige Interaktionsfelder, wie beispielsweise die Kooperation, das Lernen und der Umgang mit Unterschieden im Team, um nur einige zu nennen. Zur Reflexion dieser Interaktionsfelder im Team habe ich spezielle Skalierungsblätter erarbeitet (im 3. Teil des vorliegenden Buches). Diese Formblätter enthalten mehrere thematisch ausgewählte Fragen, die von den Kollegen in Einzelarbeit, das heißt ohne Absprachemöglichkeiten, skaliert und im Anschluss an die Einzelskalierung Frage um Frage auf der Skalierungsscheibe aufgestellt werden. Die Team-Skalierungsbilder zu den einzelnen Fragen sind auch hier wieder Grundlage des vom Teamleiter moderierten unterschiedsermittelnden Gespräches. Durch die Arbeit mit der Skalierungsscheibe wird eine lernanregende Atmosphäre im Team geschaffen, die Basis für Selbstlernprozesse und Teamentwicklung ist.

Auf den Internetseiten www.skalierungsscheibe.de erhalten interessierte Leser weitere Anregungen, Anwendungsbeispiele sowie Formblätter mit konkreten Skalierungsfragen zur Arbeit mit der Skalierungsscheibe.

Literatur

Bateson, G. (1999). Ökologie des Geistes. Anthropologische, psychische, biologische und epistemologische Perspektiven. Frankfurt/M.: Suhrkamp.

Berg, I., K. & de Shazer, S. (1993). Wie man Zahlen zum Sprechen bringt: Die Sprache in der Therapie. Familiendynamik 18 (2): 146-162.

von Foerster, H. (1995). Entdecken oder Erfinden. Wie lässt sich Verstehen verstehen. S.41-88 In: Gumin, H. & Meier, H. (Hrsg.). (1995). Einführung in den Konstruktivismus. München: Piper.

Cohn, R., C. (1983). Von der Psychoanalyse zur themenzentrierten Interaktion. Stuttgart: Klett-Cotta.

de Shazer, S. (2004). Das Spiel mit den Unterschieden. Wie therapeutische Lösungen lösen. Heidelberg: Carl Auer.

Ludewig, K., Pflieger, K., Wilken, U. & Jacobskötter, G. (1983). Entwicklung eines Verfahrens zur Darstellung von Familienbeziehungen: Das Familienbrett. Familiendynamik 8 (3) S.235-251.

Luhmann, N. (1984). Soziale Systeme. Grundriß einer allgemeinen Theorie. Frankfurt/M.: Suhrkamp.

Natho, F. (2004). Selbstlernende Teams. Konzepte und Methoden. Systemische Team- und Gruppenleitung in sozialen und anderen Unternehmen. Dessau: Gamus.

Natho, F. (2005a). (1.Aufl.). Die Lösung liegt im Team. Handbuch zur Arbeit mit der Skalierungsscheibe im Rahmen von Problemlösung und Teamentwicklung. Dessau: Gamus.

Natho, F. (2005b). Die Skalierungsscheibe – ein nützliches Arbeitsverfahren im Rahmen systemischer Team und Gruppenleitung. Kontext 36,2 S.249-263

Roth, G. (1996). Schnittstelle Gehirn. Zwischen Geist und Welt. Bern: Benteli Verlag.

Roth, G. (1997). Das Gehirn und seine Wirklichkeit. Kognitive Neurobiologie und ihre philosophischen Konsequenzen. Frankfurt am Main: Suhrkamp.

Andere Quellen: www.skalierungsscheibe.de.

I. Grundlagen, Entwicklung und Darstellung der Skalierungsscheibe

Einleitung

Die Skalierungsscheibe und die damit verbundene methodisch strukturierte Arbeitstechnik wurde am Institut für Fortbildung, Supervision und Familientherapie in Halberstadt von Frank Natho entwickelt und in Teamsupervision, Teamentwicklung und Organisationsberatung erprobt. Erstmals wurde die Funktionsweise der Skalierungsscheibe im Mai 2004 in der Publikation „Selbstlernende Teams - Konzepte und Methoden. Systemische Teamleitung in sozialen und anderen Unternehmen" in Zusammenhang mit mehreren Methoden und Techniken, die eine Teamarbeit nach dem Konzept selbstlernender Teams unterstützen, vorgestellt (Natho, 2004, S.191ff). Die Skalierungsscheibe wurde dort in erster Linie als eine unterschiedsbildende Methode beschrieben, die insbesondere für die Lösung von Problemen und im Rahmen von Entscheidungsfindungen geeignet ist. Das Instrument wurde systematisch für die Nutzung innerhalb der Teamentwicklung weiterentwickelt und in diesem Kontext erprobt.

Die Teamentwicklungskontexte, in denen das Arbeitsverfahren getestet wurde, zeichneten sich durch einen hohen Grad an Prozessorientierung aus. In deren Mittelpunkt stand nicht in erster Linie die Herausbildung spezieller Kompetenzen, sondern eher die Anregung von Entwicklungsprozessen im Sinne sich selbst organisierender Systeme. Das heißt, es ging nicht um die Erzeugung von Idealzuständen, sondern eher um die Herstellung von Transparenz hinsichtlich der Kooperationsmechanismen im Team und um die Ermittlung tatsächlicher und bedarfsrelevanter Entwicklungstendenzen. Ziel war es eher, die potentiellen Entwicklungsbestrebungen aufzugreifen und einen Rahmen herzustellen, in dem diese sich gut entfalten können. Über mehrere Arbeitsprozesse mit der Skalierungsscheibe hinweg stellte sich heraus, dass Teams immer wieder ganz spezielle Themenbereiche fokussierten, zum Beispiel Beziehung untereinander, Kommunikation oder Kooperation. Zu solchen Schwerpunktthemen wurden dann spezielle Skalierungsblätter entwickelt, die die Exploration unterstützen. Einige thematische Skalierungsblätter haben sich besonders bewährt. Sie werden im dritten Kapitel dieses Handbuches dargestellt und in ihrer Anwendung detailliert beschrieben.

Teamarbeit bedeutet, dass alle anfallenden Arbeiten in Zusammenhang mit der Herstellung eines bestimmten Produktes oder einer Produktgruppe von mehreren Personen gemeinsam in aufeinander abgestimmter Form in verschiedenen Arbeitsschritten gleichzeitig oder parallel zueinander durchgeführt werden. Diese Art der Zusammenarbeit macht eine komplexe gegenseitige Abstimmung und Planung notwendig.

Die Abstimmung erfolgt in der Regel vor der gemeinsamen Arbeit, z.B. in Planungs- und Vorbereitungsrunden. Treten während des Prozesses Probleme auf, ist es notwendig, gemeinsam Lösungen zu entwickeln, Prioritäten zu setzen und Entscheidungen hinsichtlich des weiteren Vorgehens zu treffen. Solche Abstimmungsprozesse sind erfahrungsgemäß sehr kommunikationsintensiv. Die Effektivität der Kommunikation ist von verschiedenen Faktoren abhängig. Da sind zum einen die Beziehungen im Team und zum anderen die Kommunikationsmittel sowie Kommunikationsformen. Die Art und Weise, wie einander Informationen dargeboten werden und welche Bedeutung diese im Arbeitsprozess erhalten, hängt in hohem Maße von den Beziehungen untereinander ab. Das ist eine allgemein bekannte Grundannahme zur Erklärung menschlicher Kommunikation.[2] Oft werden bestimmte Kommunikationspraktiken unwirksam, weil Beziehungszusammenhänge sie blockieren bzw. den kommunikativen Anschluss im Team verhindern.

Die Skalierungsscheibe stellt auch eine Methode dar, die die verschiedenen Abstimmungsprozesse in einem Team oder einer Gruppe wirksam unterstützen. Sie ist sowohl für die Planung als auch für die Problemlösung geeignet. Sie veranschaulicht bildhaft Haltungen, Wahrnehmungen, Erwartungen und Beziehungen im Team. Unterschiede und Gemein-

[2] Watzlawick untersuchte die Struktur zwischen Beziehungen und Informationen in sozialen Systemen genauer und postulierte, dass jede Information einen Inhalts- und einen Beziehungsaspekt aufweist. Darüber hinaus geht er davon aus, dass der Beziehungsaspekt den Sachaspekt beeinflusst (Watzlawick, Beavin & Jackson, 2000, S.53ff).

samkeiten werden herausgearbeitet und dienen als Grundlage für die Entwicklung von Lösungen und die Planung von Arbeitsprozessen.

Theoretische und experimentelle Grundlagen

Systemrekonstruktionen

Eine experimentelle Grundlage für die Entwicklung der Skalierungsscheibe stellen die in der systemischen Beratung und Therapie sehr verbreiteten Formen der Systemrekonstruktionen dar. So lassen sich soziale Systeme live im Raum aufstellen, wie das beispielsweise in der Familienrekonstruktion üblich ist oder aber man verwendet stellvertretend für die Mitglieder eines sozialen Systems kleine Püppchen oder Lego-Figuren, die dann, auf eine geeignete Unterlage gestellt, verschiedene Beziehungsaspekte hervorheben. Patienten und Probanden rekonstruieren so ihre Vorstellungen von den Beziehungen, in denen sie sich familiär oder beruflich befinden. Die Art und Weise, wie die Figuren zueinander stehen, erlaubt gewisse Hypothesen über Beziehungszusammenhänge im System, die dann als Reflexionsgrundlage dienen.

In der systemischen Arbeit gewann vor allem das sogenannte Familienbrett an Bedeutung. Es wurde von Kurt Ludewig entworfen und im Rahmen eines Forschungsprojekts Ende der 1970er Jahre empirisch untersucht und praktisch erprobt (Ludewig et al., 1983). Das Familienbrett setzte sich rasch in der praktischen Arbeit durch. Das schlichte Material, das ohne viel Aufwand auch leicht zu beschaffen war, die relativ einfache Vorgehensweise und die Anschaulichkeit, die eine Familienbrettrekonstruktion von hoch komplexen Beziehungszusammenhängen ermöglichte, waren wohl das Erfolgsrezept.

Ein anderes Instrument zur Brett-Systemrekonstruktion, das ebenfalls als experimentelle Grundlage für die Entwicklung der Skalierungsscheibe betrachtet werden kann, ist der so genannte Familiensystemtest (FAST) von Thomas M. Gehring. Der eher als Analyseinstrument für den

Klinikkontext entworfene Test, der in den 1990er Jahren entwickelt wurde, besticht vor allem durch seine Möglichkeit, präzise und damit vergleichbare Kohäsions- und Hierarchiewerte in sozialen Systemen ermitteln zu können (Gehring, 1998, S.45ff). Der Familiensystemtest hat sich in der beraterischen und ambulant therapeutischen Praxis bisher nicht durchgesetzt, wohl aber die Idee von Gehring, zur Ermittlung von Macht und Einfluss in Systemen kleine Hierarchiesteine, zylindrische Holzklötzchen in unterschiedlichen Größen, unter die Figuren zu stellen bzw. von den Probanden stellen zu lassen. Damit ist auch die Darstellung von Reihenfolgen oder Rangordnungen innerhalb der Brett-Systemrekonstruktion zumindest unter dem Gesichtspunkt Hierarchie möglich.

Beide Methoden, das Familienbrett und der Familiensystemtest, die zunächst für die Arbeit mit Familien entwickelt wurden, lassen sich hervorragend für die Beziehungsdarstellung und Analyse von Teams und Gruppen verwenden. Vor allem das Familienbrett wird inzwischen in vielen Variationen auch in der Teamsupervision und der Teamentwicklung genutzt (Natho, 2002, S.132ff). Mit der klassischen Form des Familienbretts lassen sich soziale Systeme bis etwa 10 Personen als Figuren auf einem Brett aufstellen, deren Beziehung zueinander reflektiert wird. Diese Rekonstruktionsform macht jedoch lediglich Beziehungen unter dem Aspekt Nähe und Distanz in einem System anschaulich. Der Familiensystemtest ermittelt darüber hinaus die Intensität des inneren Zusammenhalts und die Hierarchie in einem sozialen System.

Keine dieser Methoden veranschaulicht jedoch Beziehungen explizit unter dem Aspekt der inneren Haltungen und Wirklichkeiten. Das heißt, wer steht wem im Team bzw. in der Gruppe von seinen Ansichten und von seinen Ideen her näher. Unter diesem Blickwinkel ist die Skalierungsscheibe eine völlig neue Methode zur differenzierten Beziehungsanalyse bezogen auf unterschiedliche Wahrnehmungen und Wirklichkeitskonstruktionen im Team oder in einer Gruppe.

Der Schwerpunkt der Skalierungsarbeit ruht nicht vorrangig auf der Analyse von Beziehungen zum Zwecke der Hypothesenbildung und Strategieplanung. Dies ist eher ein willkommener Nebeneffekt, der die eine oder andere nützliche Veränderungsanregung beisteuert. Hauptsächlich geht es darum, unterschiedliche Meinungen und Wirklichkeiten herauszuarbeiten. Diese spielen als Entwicklungsanregung für soziale Systeme, die sich in ihrer Organisation in erster Linie als Kommunikationssysteme auszeichnen, eine primäre Rolle. Unterschiede sind die Voraussetzung für Entwicklung und Veränderung. Eine Information oder kommunikative Wirklichkeit wird dann bedeutsam, wenn sie einen Unterschied bildet oder beschreibt, der wiederum bei anderen einen sinnvollen Unterschied und damit eine Entwicklungsanregung hervorruft (Bateson, 1999, S.580ff).[3] Schlüssige theoretische Modelle, die das komplexe Wirken von Unterschieden als Entwicklungsimpulse in sozialen Systemen anschaulich darstellen, fehlen noch. Die Beobachtung von Details der Informationsdarbietung und Reizverarbeitung innerhalb operativ geschlossener Systeme lassen jedoch gewisse Rückschlüsse und Vermutungen hinsichtlich komplexer Wirkprinzipien zu. So ist beispielsweise aus der Hirnforschung bekannt, dass minimale elektrische Impulse, also Spannungsunterschiede, auf der Ebene einzelner Nervenzellen und kleinerer Zellverbände erregend wirken. Das Gleiche gilt auch für die chemischen Synapsen oder Botenstoffe, sie bewirken ebenfalls Veränderungen des elektrischen Ladezustands und damit Aktionspotentiale. Spannungsunterschiede führen auf der Ebene einzelner Nervenzellen zu Aktionen und stellen damit ein Erregungsgrundmuster dar (Roth, 2003, S.14ff). Dieser Vorgang erklärt natürlich nicht, was menschliches Bewusstsein ist, aber er gibt eine Idee davon, wie es entsteht. Wenn im Folgenden allgemein von Unterschieden die Rede ist, dann sind damit Erregungsprozesse im Mikrokosmos sozialer und kommunikativer Systeme gemeint.

[3] „In den Naturwissenschaften sind Wirkungen im allgemeinen durch ziemlich konkrete Bedingungen oder Ereignisse verursacht - Einflüsse, Kräfte und so fort. Wenn man aber in die Welt der Kommunikation, Organisation usw. eintritt, lässt man jene ganze Welt hinter sich, in der Wirkung durch Kräfte, Einflüsse und Energieaustausch hervorgebracht werden. Man betritt eine Welt, in der „Wirkungen"... durch Unterschiede hervorgerufen werden." (Bateson, 1999, S.581)

Unterschiedsbildung

Eine andere experimentelle sowie theoretische Grundlage für die Entwicklung der Skalierungsscheibe bilden die in der klassisch systemischen Beratung und Therapie sehr verbreiteten unterschiedsbildenden Kommunikationstechniken, wie beispielsweise Skalierungen, Prozentfragen, Reihenfolgen, Rangordnungen usw. Diese werden zumeist in systemtheoretischen Kontexten ebenfalls mit dem Unterschiedskonzept Batesons begründet und sie sind zugleich gestaltgewordene Intervention eines viel zitierten Satzes von Bateson[4], um auf soziale bzw. operativ geschlossene Systeme entwicklungsanregend zu wirken. Darüber hinaus werden sie eingesetzt, um die größtenteils unbewussten, vielfältigen Wechselwirkungen, die auf Grund von unterschiedlichen Haltungen, Erwartungen und Beziehungen in einem sozialen System entstehen, transparent zu machen. Die unterschiedsbildenden Fragen sind spezielle Formen des sogenannten zirkulären Fragens (v. Schlippe & Schweitzer, 1996, S.143ff). Ihre Anwendung verdeutlicht allen Beteiligten, dass Beziehung und Kommunikation komplexe kreisförmige Prozesse und letztlich Resultate von Unterschieden sind. Würden alle in einem System, was de facto nicht möglich ist, da jeder Mensch aus einer anderen Perspektive seine Außen- und Innenwelt konstruiert, dasselbe sehen, denken und fühlen, würde die Kommunikation und damit das System zusammenbrechen. Doch häufig verhalten sich soziale Systeme so, als ob es in bestimmten Zusammenhängen keine Unterschiede gäbe. Dann stagniert die Kommunikation und die Wahrnehmung ist eingeengt. Auf diese Weise werden Probleme hergestellt und Lösungen verhindert. Mittels der eben erwähnten Frageformen wird die Aufmerksamkeit gezielt auf die durch Unterschiede bewirkten Interaktionen gelenkt. So werden starre unterschiedslose Vorstellungsmuster und vereinheitlichte Wirklichkeiten im System aufgelöst.

In stärker hypnosystemisch geprägten Ansätzen, wie beispielsweise in der Kurzzeittherapie (de Shazer, 2004, S.170ff), wird die Arbeit mit Unterschieden gezielt eingesetzt, um die in jedem Problem enthaltenen

---

[4] „Was wir tatsächlich mit Information meinen - die elementare Informationseinheit -, ist ein Unterschied, der einen Unterschied ausmacht." (Bateson, 1999, S.582)

Lösungsanteile, die in Form von Ausnahmen und schwächeren Ausprägungen des Problems vorhanden sind, zu ermitteln. Sämtliche, die Ausnahme fokussierenden Gesprächstechniken, so auch die Coping-Fragen oder die viel beschworene Wunder-Frage, zielen letztlich auf die dem Problemkonstrukt innewohnenden Unterschiede ab (de Jong & Kim Berg, 2001, S.111, 174f & 254ff). Sie stören starre Problembeschreibungen und lenken die Aufmerksamkeit des Klienten auf alternative Sichtweisen. Diese bedeuten bei weitem noch nicht die Lösung, doch sie wirken entwicklungs- und lernanregend und bilden damit die Grundlage für selbstgesteuerte Veränderungsprozesse.

Als Intervention im Rahmen von Team- und Gruppenarbeit ist die Bildung bzw. Fokussierung von Unterschieden dann besonders wichtig, wenn starre Problemkonstruktionen oder einseitige Ursachenzuschreibungen die Kooperation, den Selbstlernprozess oder die Lösung behindern. In solchen Situationen ist der Kommunikationszirkel reduziert. Es kreisen in ihm dann nur noch Informationen, die ohnehin schon bekannt sind. Diese Informationen sind ursächlich verknüpft und bestätigen sich deshalb immer wieder aufs Neue. Das Ergebnis ist eine Problemtrance, das heißt, eine tunnelförmige Einengung von Wahrnehmung, Erklärungen und Deutungen. Diese Situation führt aus Mangel an Unterschieden und Alternativen allmählich zur Erstarrung des Kommunikationssystems. Ein Beispiel aus dem Kontext von Teamberatung soll einige Möglichkeiten und Chancen der Unterschiedsbildung für die Auflösung festgefahrener Probleme verdeutlichen. Die Symptombeschreibung kennen viele Teamleiter, Berater und Supervisoren, die beschriebenen Lösungsansätze sind aus didaktischen Gründen konstruiert und auf beispielhafte Interventionen verkürzt.

Beschreibung unterschiedsbildender Ansätze innerhalb einer Teamberatung

Ein Team beschreibt sich als völlig frustriert. Die Motivation aller wird als äußerst gering beschrieben. Gemeinsam wird die ganze Litanei des kollektiven Wehklagens hergebetet. Eine Kollegin beginnt zur affektiven

Bekräftigung des Ganzen gar zu weinen. Die Problemtrance ist perfekt. Jeder Supervisor und auch mancher Leiter kennt solche Situationen. Nach einer angemessenen Zeit des Zuhörens und des Trostes kann hier bereits mit wenigen unterschiedsbildenden Fragen bzw. die Ausnahmen fokussierenden Vorgehensweisen eine Verflüssigung der Problemtrance eingeleitet werden.

So könnte man jeden Kollegen bitten, eine Reihenfolge dahingehend zu bilden, was er glaubt, wer im Team, sich eingeschlossen, wohl am meisten und wer eher weniger frustriert ist. Diese Reihenfolgen sollten ohne die Möglichkeit der gegenseitigen Abstimmung, also in einer Art Einzelarbeit gebildet werden. Würde man die Reihenfolgen dann miteinander vergleichen, würden viele Unterschiede zu Tage kommen. Die Unterschiede würden mit zunehmender Teamgröße um ein Vielfaches anwachsen. Während ein Kollege vielleicht der festen Überzeugung ist, dass Frau Müller weniger Frust schiebt als Frau Schulz und dass Herr Meier hier an vierter Stelle kommt usw. bilden andere Kollegen mit großer Sicherheit davon abweichende Reihenfolgen.

Die anschließende gemeinsame Auswertung der Unterschiede würde zeigen, dass sich einige mehr und andere weniger schlecht fühlen. Außerdem würden viele Abweichungen in der gegenseitigen Wahrnehmung des Verhaltens der Kollegen und damit auch der Deutung des Problems auftreten („Was, Sie halten mich für frustrierter als Frau Müller, wie kommen Sie denn darauf?“). Das wären alles äußerst relevante Störungen in der gemeinsamen Problemkonstruktion, die durch die Unterschiede destabilisiert werden würde. Außerdem könnten die, die sich weniger benachteiligt fühlen, den anderen berichten, wie sie das anstellen, dass es ihnen besser geht. So könnten sie konkret beschreiben, was sie eher aufmuntert. Die Kollegen, die sich sicher sind, dass es ihnen schlechter geht, könnten dann gebeten werden, Situationen zu beschreiben, in denen es ihnen besser ging (Ausnahmen). Sie könnten dann weiter überlegen, welches ihre Anteile daran waren, dass es ihnen besser ging und was davon sie vielleicht in ihrer jetzigen Situation einsetzen könnten.

Eine andere Möglichkeit zur Unterschiedsbildung wäre die Aufgabe, dass alle Kollegen ihr momentanes Motivationsniveau genauer einschätzen und in Prozent ausdrücken. 0 Prozent wäre das totale Burnout und 100

Prozent wären die völlige berufliche Selbstverwirklichung. Wahrscheinlich würden nur sehr wenige Kollegen, wenn überhaupt einer, ihr Motivationsniveau bei 0 Prozent festlegen. Das zeigen die Erfahrungen. Doch selbst bei nur 20 Prozent Motivation gäbe es einen bedeutsamen Unterschied zum Burnout. Der nächste Schritt wäre nun, den Unterschied mit Leben zu füllen, das heißt, durch weiteres Nachfragen sichtbar zu machen, welche Faktoren zu den immerhin 20 Prozent führen. Nun werden altbekannte Umstände neu interpretiert und für viele Kollegen auch Neuigkeiten berichtet.

Die Arbeit mit der Skalierungsscheibe gibt den eben beschriebenen Arbeitsansätzen ein klare, für alle nachvollziehbare Struktur und wird dadurch auch für Leiter, die mit diesen Fragetechniken und Strategien nicht vertraut sind, ein einfach zu handhabendes Instrument zur Unterschiedsbildung sein.

Skalierung - kleine Unterschiede, große Wirkung

Eine Skalierung führt zwangsläufig zu Unterschieden, das liegt in ihrer Natur (siehe Abb.1). Es sei denn, alle Kollegen wählen den Wert Null oder den höchstmöglichen Wert. Die Wahl der extremen Werte ist jedoch äußerst selten.

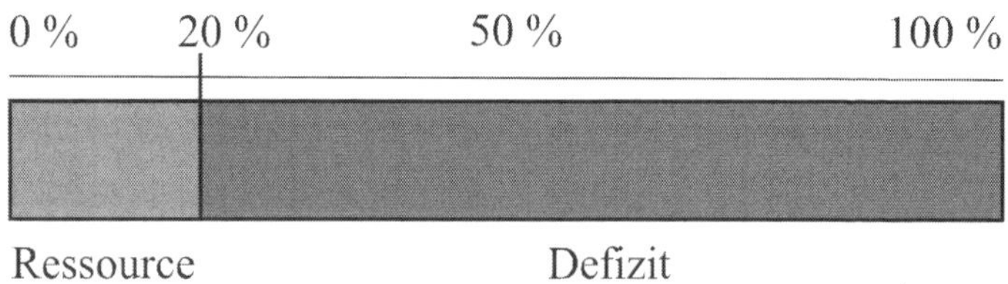

Abb. 1 Modellskalierung

Ausgehend vom oben beschriebenen Beispiel bedeutet dies, dass der Bereich 20 Prozent bis 100 Prozent[5] das Defizit, also das noch nicht Erreichte kennzeichnet, während 0 Prozent bis 20 Prozent das bereits Erreichte darstellt. Eine Skalierung zeigt automatisch immer zwei Seiten einer Sache an. Eine Seite diesseits und eine jenseits des skalierten Wertes. Für die Verflüssigung von starren Wirklichkeiten eine enorme Hilfe.

Aus beraterischer Sicht ließe sich bezogen auf das Beispiel der Bereich von Null bis zum skalierten Wert (20 Prozent) als eine Ressource bzw. Lösung auslegen. Die Quantität dieses Bereichs spielt für die Unterschiedsbildung letztlich keine Rolle. Denn egal wie groß oder klein die Ressource auch ist, sie ist bereits ein Teil der Lösung. Selbst wenn dieser Bereich sehr klein ausfällt, weil als Skalierungswert lediglich 5 Prozent genannt wurden, bleibt diese Seite Bestandteil der Lösung. Das bedeutet jedoch, dass dem kleinen Bereich als Lösungspotential besonders viel Wertschätzung, Aufmerksamkeit gewidmet werden muss, um diesen genauer zu differenzieren. Man betrachtet sozusagen die Ressource mit einer Lupe, dadurch werden Details sichtbar (Abb.2). Nicht die Quantität der Ressource führt zur Verflüssigung, sondern deren Qualität. Entscheidend für Lösung oder Problematisierung ist also die Fokussierung der Inhalte der Unterschiede.

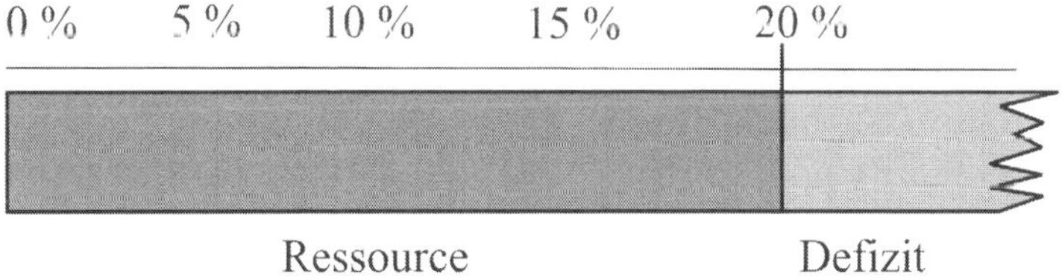

Abb. 2 Fokussieren der Ressourcen

[5] Wenn man 100 Prozent als Wunschziel annimmt, was wiederum äußerst selten ist, denn nicht alle Menschen erwarten von ihrer Arbeit eine 100-prozentige Selbstverwirklichung.

Durch die Differenzierung, eine Form der Wahrnehmungserweiterung, können auch „kleinere" Ressourcen genutzt werden.

Diese Vorgehensweise hat außerdem den Nutzen, dass lineare Problem- und Ursachezuschreibungen aufgelöst werden. Wenn alle miteinander vernetzt sind und ihr Verhalten und ihre Kommunikation immer auch Auslöser für das Verhalten anderer darstellen, kann die Ursache für ein Problem oder dessen Lösung nicht nur einer Person im Team zugeschrieben werden. Dieser Ansatz stärkt das Bewusstsein aller Teammitglieder für ihre gegenseitige Abhängigkeit aber auch für ihre Verantwortung im System. In Übung und Kommunikation umgesetzt, schafft dieser Ansatz unzählige Entwicklungsanregungen, weil er Neuigkeiten produziert und gewohnte Antworten und Denkvarianten in Frage stellt. Mit der Übertragung dieser Idee auf die Skalierungsscheibe werden die Unterschiede zudem noch sichtbar. Außerdem bedarf es zur Unterschiedsbildung keiner speziellen, oft übungsintensiven Gesprächstechniken mehr.

Festgefahrene Probleme werden durch die Bildung von Unterschieden verflüssigt und aufgelöst. Sie ermöglichen neue Perspektiven bezogen auf das Problem und schaffen damit neue Wahlmöglichkeiten. Selbst die Meinungsgeneralisierung (Alle sind einer Meinung. Da kann man nichts mehr machen.) oder die Meinungspolarisierung (Eine Hälfte ist dafür und die andere dagegen.), typische Phänomene im Zusammenhang mit der Konstruktion von Problemen in Teams und Gruppen, lassen sich mit Skalierungen auflösen. Denn niemals sind wirklich alle im Team 100-prozentig einer Meinung bzw. schließen sich zu 100 Prozent nur einer bestimmten Meinung im Team an. Jeder Mensch hat mindestens eine eigene Meinung, oft sogar mehrere Meinungen und Ideen zu einem Problem. Diese lassen sich mit der Skalierungsscheibe leicht ermitteln und sichtbar darstellen. Selbst kleinste Unterschiede in der Wahrnehmung und Interpretation eines Sachverhaltes bedeuten hier eine Störung und damit eine Entwicklungsanregung.

Zusammenfassung

Die verschiedenen Varianten der Systemrekonstruktion und die diversen Formen unterschiedschaffender Interventionen der systemischen Therapie bilden das experimentelle Medium für die Entwicklung der Skalierungsscheibe auf dem Hintergrund systemtheoretischer Konzepte.

Der Anwender benötigt keine spezielle systemische Ausbildung oder Gesprächstechniken, um die Skalierungsscheibe in seinem Team oder seiner Gruppe zum Einsatz zu bringen. Sie ist auf Grund ihrer Stärke in der Unterschiedsbildung und Störungsanregung sowohl für die Problembewältigung als auch für die Teamentwicklung geeignet. Die Darstellung selbst kleiner Unterschiede schafft zudem eine gewisse Realität, die für alle sichtbar in hohem Maße diskussionsanregend wirkt. Damit entsteht ein zwingender Anlass, sich über die erwarteten und unerwarteten Unterschiede auszutauschen.

Da Kollegen nicht wie im täglichen Kommunikationsprozess ihre Bewertungen ab- und angleichen können, denn die eigentliche Bewertung der Aussagen und Fragen erfolgt in einer Einzelarbeit, führt die Arbeit mit der Skalierungsscheibe immer zu Überraschungen. So treten nicht selten neben den Unterschieden auch Gemeinsamkeiten gerade dort zu Tage, wo sie nicht erwartet wurden. Der natürliche Impuls danach zu fragen wie das kommt, löst im Team automatisch eine Suchhaltung aus. Eine Arbeitsphase, in der die Wahrnehmung füreinander erweitert und die Interpretation von konkreten Werten, Ansichten und Motiven gegenseitig überprüft und gegebenenfalls erneuert wird.

Für die Teamentwicklung steht dem Anwender eine Auswahl von Themen zur Verfügung, die er mittels der Skalierungsscheibe differenziert untersuchen kann. Durch die Skalierung, dem Ausmaß der Zustimmung aller Kollegen zu einzelnen, thematisch ausgesuchten Aussagen oder Fragen, werden für die Teamentwicklung relevante Entwicklungstendenzen angeregt.

Darstellung der Skalierungsscheibe

Bei der Skalierungsscheibe handelt es sich um ein rundes Brett oder um eine mit einer Skalierungsscheibe bedruckte, reißfeste Folie. In den letzten Jahren setzte sich die Skalierungsscheibe in Form der bedruckten Folie (Go & Work), entwickelt von FST Halberstadt und vertrieben vom Verlag Edition Gamus Dessau durch. Sie lässt sich zusammenrollen, ist einfach zu verstauen und leicht zu transportieren. Der Berater, Supervisor oder Coach nimmt die Skalierungsscheibe so leichter mit in die Familie, ins Team oder die Einrichtung, in der er gerade zu tun hat.

Der Mittelpunkt der Skalierungsscheibe ist farblich hervorgehoben. Dieser symbolisiert den zu differenzierenden Sachverhalt bzw. die zu skalierende Aussage, Frage oder Problemhypothese, je nachdem, in welchem Arbeitszusammenhang die Skalierungsscheibe zur Anwendung gebracht wird. Ringförmig um den Mittelpunkt befinden sich sieben Skalierungsfelder. Diese sind jeweils mit einem Zahlenwert gekennzeichnet, der von der Mitte (7) bis zum äußeren Ring (1) abfällt (Abb.3).

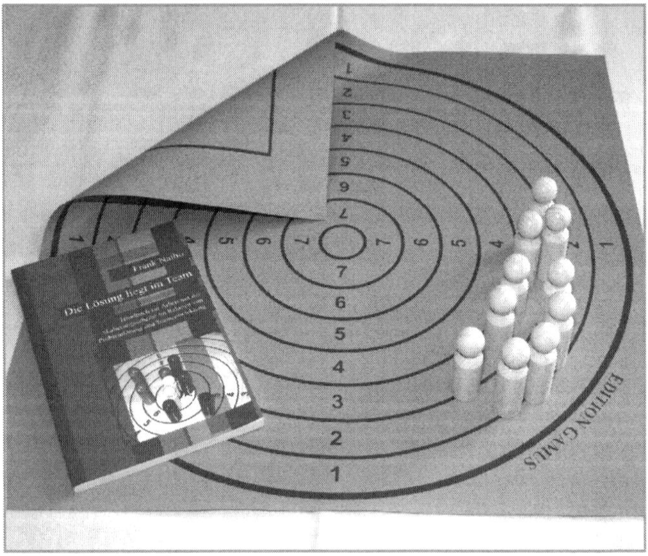

Abb. 3 Skalierungsscheibe mit Figuren

Für die Darstellung der skalierten Werte stehen Figuren auch in unterschiedlichen Farben zur Verfügung. Jede Skalierungsscheibe ist mit zehn etwa 6 cm großen Figuren ausgestattet. So kann in einem Team bis 10 Personen jeder Kollege eine Figur in einer bestimmten Farbe über die Dauer der gemeinsamen Arbeit benutzen. Dies hat den Vorteil, dass die Kollegen im Laufe des Arbeitsprozesses Werte und Positionen anderer leichter verfolgen können. So lassen sich mehrere Positionen und Haltungen personenbezogen besser merken und bei Bedarf können sie verknüpft bzw. konkret zugeordnet werden. Der Kommunikationsprozess wird so unter dem Aspekt der Wahrnehmung personenbezogener Aussagen und Haltungstrends effizienter. Beispielsweise muss nicht bei jedem Skalierungsdurchgang nachgefragt werden, wessen Figur wo steht. Dies prägt sich im Laufe der Arbeit durch die für die Dauer des Durchgangs festgelegte Farbe ein. In einer Skalierung werden entsprechend der Standardskalierungsblätter in der Regel neun Skalierungsdurchgänge vorgenommen.

In den letzten Jahren kam die Skalierungsscheibe immer mehr auch in traditionellen Beratungssettings, wie Paarberatung, Erziehungsberatung und Familientherapie zum Einsatz. Hier bestand weniger die Notwendigkeit, die Figuren farblich zu gestalten. So wird die Skalierungsscheibe von Edition Gamus Dessau inzwischen mit naturbelassenen Holzfiguren vertrieben. Der Nutzer kann die Figuren je nach Bedarf selbst gestalten.

Leistungsmerkmale und Anwendungsmöglichkeiten im Überblick

Die Skalierungsscheibe wurde im Kontext von zwei Anwendungsbereichen im Rahmen kontinuierlicher Teamarbeit und Teamberatung entwickelt. Das sind zum einen der Bereich der Problemlösung und zum anderen die Teamentwicklung. Was die Skalierungsscheibe als Problemlöseinstrument und im Rahmen von Teamentwicklungsprozessen insbesondere mit ihren themenzentrierten Standardskalierungsblättern leisten kann, wird mit der ausführlichen Darstellung der Vorgehensweise in den einzelnen Anwendungsbereichen detaillierter beschrieben. Hier soll dem Anwender zunächst ein Überblick vermittelt werden, welche Entwicklungsanregungen die Arbeit mit der Skalierungsscheibe schafft (1), wie dadurch Teamprozesse didaktisch unterstützt werden (2) und welche Standardthemen ihm für die Teamentwicklung zur Verfügung stehen (3).

1. Kooperationsrelevante Fähigkeiten der Teammitglieder

Mit der Skalierungsscheibe lassen sich folgende kooperationsrelevante Fähigkeiten der einzelnen Teammitglieder entwickeln und trainieren:

- Bewusstmachung von bzw. Wahrnehmungserweiterung für eigene Meinungen und Ideen
- Stärkung des Bewusstseins für die wechselseitigen Abhängigkeiten im Team
- Training der Fähigkeit, sich im Team mit einer eigenen Meinung zu positionieren
- Stärkung der Authentizität der Teammitglieder
- Bildung verschiedener kommunikativer Fähigkeiten
- Stärkung einer ressourcen- und lösungsorientierten Denkhaltung
- Entwicklung der Fähigkeit, relevante Prozesse im Team zu explorieren und von einem Metastandpunkt aus zu analysieren
- Bildung und Training sozialer Kompetenzen
- Wahrnehmungserweiterung für die eigenen Anteile an der Schaffung lösungsbedürftiger Situationen

2. Unterstützung von Selbstlernprozessen im Team

- Veranschaulichung unterschiedlicher oder ähnlicher Haltungen im Team
- Unterstützung der Lebendigkeit von Diskussionsprozessen
- Unterschiedsbildung als Basis für Problemverflüssigung und Problemlösung
- Partizipation aller Kollegen am Lernprozess und an der Lösungsentwicklung
- Unterstützung einer kollektiven und kooperativen Meinungsbildung
- Differenzierte und komplexere Darstellung von Problemzusammenhängen
- Konzentration auf das tatsächlich Wesentliche für Problemlösung und Teamentwicklung
- Förderung prozessorientierter Lernprozesse
- Entwicklung eines kreativitätsanregenden Arbeitsklimas
- Schöpfung teamadäquater Lösungen

Die differenzierte Darstellung von Problemzusammenhängen ist eine Voraussetzung für eine detaillierte Diskussion und Problemlösung. Sie sorgt auf Grund verschiedener Perspektivwechsel für einige Überraschungen, die als Neuigkeiten für den Lösungsprozess genutzt werden. Die Reflexion der skalierten Fragen oder Aussagen bezüglich des zur Debatte stehenden Arbeitsgegenstandes ermöglicht eine kollektive kooperative Meinungsbildung.

Differente Standpunkte werden durch die Arbeit mit der Skalierungsscheibe eindeutig und transparent und schaffen die Grundlage für eine substanzielle Erörterung der gesetzten Problematik. Außerdem stehen Meinungen und Haltungen nicht als sich verselbstständigte und generalisierte Postulate im Raum. Sie lassen sich konkreten Personen zuordnen, die auch aufgefordert sind, dazu Stellung zu nehmen. Durch die spezielle methodische Vorgehensweise ist jedes Teammitglied gezwungen, seine persönliche Einstellung und Befindlichkeit genau zu definieren und sich mit seiner Aufstellung festzulegen. Das Arbeitsverfahren ist daher besonders Teams zu empfehlen, in denen es einigen Mitgliedern eher schwer fällt, eine eigene Meinung zu entwickeln und zu vertreten. Das Phänomen, dass ein in welcher Form auch immer dominanter Kollege seinen Standpunkt darstellt und sich der Rest des Teams seinen Ausführungen, ohne eine eigene Haltung zu vertreten, anschließt, kann so vermieden werden.

3. Inhalte der themenzentrierten Skalierungsblätter

Die Umsetzung der Arbeitsthemen unter Verwendung der Skalierungsscheibe und der themenzentrierten Skalierungsblätter wird im dritten Kapitel im Anwendungsbereich 2 / Teamentwicklung dargestellt. Hier ein erster Überblick.

- Nähe und Distanz zwischen den Kollegen
- Allgemeine Fragen zur Situation im Team
- Miteinander und voneinander im Team lernen
- Konflikte und verdeckte Konflikte im Team
- Kommunikation (Haltungen und Gewohnheiten)
- Kooperation und Partizipation
- Kreativität (kreativitätsfördernde Atmosphäre)
- Motivation (kommunikative Umgebung)
- Kohäsion (Wir-Gefühl / Pro und Kontra)

Wie schon kurz erwähnt entstanden diese Themen in der Erprobung des Instruments. Es stellte sich heraus, dass Teams im Rahmen von Teamentwicklung die Aufmerksamkeit immer wieder auf bestimmte Themen richten. Konflikte im Team und die Bedeutung von Nähe und Distanz unter den Kollegen waren hierbei die Favoriten. Die hier gesammelten und dargestellten Themen erheben keineswegs den Anspruch auf Vollständigkeit, sie stellen eher ein Angebot dar, mit solchen Themen in die Teamentwicklung einzusteigen bzw. sind eine Anregung für die Entwicklung eigener Skalierungsblätter.

II. Probleme lösen und Entscheidungen treffen

Grundlagen

Ausgehend vom Konzept selbstlernender Teams und Gruppen (Natho, 2004) wurde die Skalierungsscheibe als ein Instrument zur Problemlösung und der Teamentwicklung erprobt und weiterentwickelt. In diesen Bereichen der Teamarbeit und Beratung hat sie sich als besonders effektiv erwiesen. Dabei ist die Skalierungsscheibe nicht nur ein Instrument in der Hand von externen Beratern, Supervisoren und Teamentwicklern, sondern auch ein wirksames Handwerkszeug für Team- und Gruppenleiter sowie für die Selbsthandhabung innerhalb eines Teams durch die einzelnen Teammitglieder. Verschiedene Tests haben gezeigt, dass Teams mit wenigen Informationen und etwas Übung in der Lage sind, selbstständig ohne Anleitung mit der Methode zu arbeiten. Lediglich die Reflexionsphase bedarf eines Gesprächsleiters oder Moderators, der jedoch aus der Reihe der Kollegen selbst bestimmt werden kann.

Ein Postulat des Konzepts selbstlernender Teams ist deren operationale Geschlossenheit. Das bedeutet, ein Team ist prinzipiell in der Lage, aus sich selbst heraus neues Wissen zu bilden und eigene Lösungen zu erarbeiten, wenn es gelingt, internes Wissen neu zu verknüpfen. Ein riesiger Vorteil solcher Selbstlernprozesse ist die Bildung teamadäquater Lösungen. Das bedeutet, die Lösungen integrieren die im Team tatsächlich vorhandenen Ressourcen und sind daher auch leichter zu realisieren als Lösungen, die von außen dem Team vorgeschrieben werden. In aller Regel ist genügend Wissen und Erfahrung, in Form von Unterschieden vorhanden, so dass Informationen von außen nur in den seltensten Fällen nötig sind. Doch in Problemsituationen stehen nicht genügend Unterschiede zur Verfügung, weil diese nicht bewusst sind bzw. weil die Aufmerksamkeit aller Teammitglieder eingeengt ist. Die latent vorhandenen Unterschiede können deshalb nicht für die Anregung neuer Lösungs- und Entscheidungsprozesse genutzt werden.

Probleme verflüssigen und lösen

Die Verflüssigung von Problemen und die Erarbeitung von Lösungen ist ein Hauptschwerpunkt von extern durchgeführter Teamsupervision und Teamberatung. Welche Rolle dabei das Konzept der Unterschiedsbildung spielt, wurde bereits angerissen. Für externe Berater ist es leicht, in Teams Probleme zu verflüssigen, solange sie nicht von der kollektiven Problemtrance überflutet wurden bzw. nicht in problemerzeugenden Zusammenhängen involviert sind. Externe Berater erzeugen allein durch ihre eigene Person eine Außenperspektive und damit Unterschiede. Sie bilden, so sich Berater professionell neutral dem geschilderten Problem gegenüber verhalten, eine Ausnahme, nämlich die, mit dem vom Team kommunizierten Problem nichts zu tun zu haben. Lassen sich Berater jedoch auf eine Seite des Problems ziehen oder schließen sie sich einer Haltung im Team an, verlieren sie automatisch ihre Außenperspektive und damit ihre Wirkung.

Ausgehend von der Idee, dass Teams als selbstlernende Systeme Lösungen in eigener Regie entwickeln können, stellt sich die Frage, wie sich ein Team organisieren muss, um sein eigener Berater zu werden. Wie also müssen sich die Teammitglieder in festgefahrenen Situationen verhalten, um sich selbst aus dem Problemsumpf zu ziehen? Eine Verfahrensweise muss gefunden werden, die es einem Team ermöglicht, die selbst produzierten Probleme auch selbst aufzulösen. Ein Anliegen, das in vielen Ansätzen und Methoden der Systemtherapie bezogen auf die unterschiedlichsten Klientensysteme bereits realisiert ist. Hier werden Klienten in einigen Konzepten als Kunden verstanden, die kundig genug sind, ihre Probleme allein zu lösen. Das Expertentum, in dem der Berater oder Therapeut grundsätzlich als Spezialist für bestimmte Probleme dargestellt wird, wurde in einigen Therapiezusammenhängen teilweise aufgegeben. Der Klient ist kundig und damit der Fachmann seines eigenen Problems. Wer weiß, wie er etwas zusammengebaut hat, weiß auch, wie er es bei Bedarf wieder auseinanderbauen muss. Wer weiß, wie er ein Problem geschaffen hat, wird es auch selbst wieder lösen können. Leider ist die Konstruktion eines Problems deutlich schwieriger als beispielsweise der Zusammenbau eines IKEA-Möbelstücks. Das liegt an der hohen Komplexität einer Problemkonstruktion, denn in der Regel sind daran viele unterschiedliche Personen beteiligt und außerdem ist der Stoff, aus dem es konstruiert wird, äußerst schwer fassbar.

Probleme werden aus systemischer Perspektive mittels Kommunikation und das ist im weitesten Sinne auch wechselseitiges Verhalten konstruiert. Wenn es einem Team also gelingt, die eigene Kommunikation und das eigene Verhalten unter die Lupe zu nehmen und die Anatomie des Problems, das heißt, dessen typische Organisation in Kommunikation und Verhalten zu identifizieren, dann ist der erste Schritt in Richtung der oben beschriebenen Kundigkeit getan und das Team erfüllt eine Voraussetzung für die Entwicklung einer eigenen Lösung. Doch eine derartige Analyse braucht geeignete Komplexitätsverminderer, durch die es möglich wird, die Wesensstruktur des Problems zu erfassen. Hier helfen einerseits theoretische Konstrukte, die nicht generell beweisbar aber für die Lösung äußerst hilfreich sind[6] und andererseits methodische Vorgehensweisen, die eine Außenperspektive bzw. eine Metaebene schaffen, von der aus betrachtet das Problem eindeutigere Konturen annimmt.

Ein nützliches theoretisches Konstrukt zur Reduzierung der Komplexität von Problemen ist die Vorstellung von der tunnelförmigen Einengung von Kommunikation und Wahrnehmung in Zusammenhang mit der Problembildung. Die wesentlichen Dynamiken der Problemerschaffung lassen sich damit recht einfach beschreiben.

---

[6] Eine kleine Geschichte, die gern auch von Watzlawick erzählt wurde, verdeutlicht, wie Komplexitätsverminderer, also auch das oben erwähnte nicht generell beweisbare theoretische Konstrukt wirken: Ein Vater hatte 17 Kamele, die er seinen drei Söhnen am Sterbebett vererbte. Sie sollten diese folgendermaßen untereinander aufteilen. Der Älteste sollte die Hälfte, der Mittlere ein Drittel und der Jüngste ein Neuntel bekommen. Wie sie auch rechneten und überlegten, die Kamele ließen sich nicht dem Wunsch des Vaters entsprechend aufteilen. Sie grübelten lange, bis ein Mullah vorbeigeritten kam und sie fragten ihn, ob er eine Idee hätte, wie sie das Problem lösen könnten. Er sagte, nehmt zunächst erst einmal mein Kamel, dann habt ihr 18. Dann bekommt der Erste die Hälfte, das sind 9, dann bekommt der Mittlere sein Drittel, macht 6 und der Jüngste sein Neuntel, macht 2 Kamele. 9 und 6 und 2 macht 17, bleibt ein Kamel über. Er nahm es, stieg auf und ritt davon.

Problemtrancen erkennen

Rezept zur Herstellung eines Problems im Team

Man richte die Kommunikation und Wahrnehmung aller im Team allein auf das, was nicht gelingt, nicht funktioniert oder sich irgendwie als beklagenswerter Umstand eignet. Dann suche man im Team Erklärungen dafür, warum dies nicht gelingen kann. Anschließend reduziere man die Aufmerksamkeit und das Interesse für mögliche Ausnahmen und Alternativen. Frühere gescheiterte Versuche, das Problem zu lösen, sollten generalisiert und als abschreckende Scheiterbeispiele immer wieder im Team erzählt werden. Dann sollte man die Ursachen für das, was nicht gelingt, außerhalb des Teams suchen. Will man die Schwere des Problems noch etwas erhöhen, sollte noch ein Schuldiger außerhalb des Teams gefunden werden. Um das Problem dauerhaft zu etablieren, ist es wichtig, sich gegenseitig immer wieder darauf hinzuweisen, wie schwer das Ganze zu ertragen ist und sich darauf einzuschwören, dass man nichts dagegen tun kann. In der Sprache der Berater ist das dann die tunnelförmige Einengung von Kommunikation und Wahrnehmung des Problems. Eine Graphik (Abb.4) soll dieses Phänomen verdeutlichen.

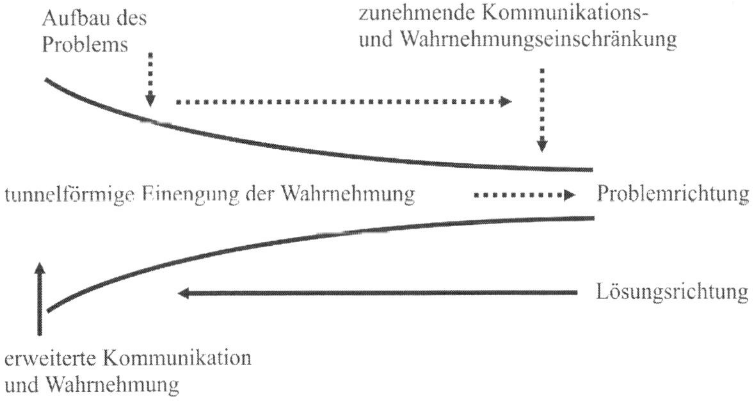

Abb. 4 tunnelförmige Einengung der Wahrnehmung und Kommunikation

Eine Begleiterscheinung der tunnelförmigen Einengung von Wahrnehmung und Kommunikation ist die Abnahme von Meinungsunterschieden im Team. Dagegen wächst die Übereinstimmung darin, welche Ursachen zum Problem geführt haben und dass diese und damit auch das Problem schwer oder nicht lösbar sind. Dann wird das Problem dissoziiert. Das bedeutet, man selbst kann nichts dafür, andere sind schuld und eigentlich kann man nur abwarten, dass sich von außen etwas ändert oder Hilfe von außerhalb kommt.

In der Bewertung und Beschreibung des Problems scheinen sich alle Teammitglieder einig zu sein. Es fehlen die Unterschiede, die Reibung hervorrufen und eine neue Entwicklung in Gang setzen. Erfahrungen zeigen, dass ein Leiter seinem festgefahrenen Team oft hilflos gegenübersteht. Sämtliche Argumente, die er zu Gunsten der Veränderung ins Gespräch bringt, werden vom Team sogleich mit Gegenargumenten, die von einem leidenschaftlichen Wir-Gefühl getragen werden, gekontert. Die Erarbeitung von Lösungswegen scheint aussichtslos. In Ermangelung eines Instrumentes zur Erzeugung von Unterschieden ordnet er per Anweisung und Kraft seiner Autorität als Leiter den seiner Meinung nach geeigneten Lösungsweg an. Das Team folgt mehr oder weniger bereitwillig.

Solche Situationen sind jedem Leiter bekannt. Instinktiv versucht er, Alternativen anzubieten und entlässt damit das Team aus seiner Verantwortung, das Problem mit den eigenen fachlichen Fähigkeiten und mit Kreativität zu lösen.

Die ganz speziellen Arbeitsschritte für Problemlösung und Entscheidungsfindung, die für die Arbeit mit der Skalierungsscheibe empfohlen werden, schaffen einen fachlichen Abstand und eine äußerst differenzierte Bewertung der im Team vorhandenen Meinungen und fachlichen Standpunkte. Die Lösung wird dort entwickelt, wo auch das Problem entstanden ist, im Team. Der Leiter oder ein Kollege moderiert den Arbeitsprozess, an dem alle in gleicher Weise beteiligt sind.

Kleine Unterschiede bilden

Ein Team ist festgefahren, wenn es zu wenige aber auch wenn es zu große Unterschiede gibt. So können eine extreme, von allen im Team vertretene Haltung oder zwei konträre Meinungen die Lösungs- und Entscheidungsfindung blockieren. Die Praxis zeigt, dass stark voneinander abweichende Positionen sich in der Regel schwer verhandeln lassen. Sie sind verhärtet und werden sehr extrem von allen Kollegen oder Parteien vertreten. Es liegt in der Natur der großen Unterschiede, Machtkämpfe, Auseinandersetzungen und Spaltungen zu bewirken. Sie fordern zu Pro- und Kontra-Diskussionen heraus, die mit dem Ziel geführt werden, durch starke oft auch völlig überzogene Argumente den anderen zu überzeugen. Die Positionen verhärten, da jeder gezwungen ist, nicht zuletzt durch die Gegenargumente seine Position zu behaupten. Das Ergebnis der Diskussion großer Unterschiede ist selten die Annäherung sondern die Feststellung, dass die Positionen unvereinbar sind und daher eine Trennung als logische Konsequenz notwendig wird. Die Entscheidungsalternativen werden in solchen Situationen sehr stark begrenzt. Entweder der Kollege ist dafür oder eben dagegen.

Die Lösungsfindungen im Kontext von Entweder-Oder-Diskussionen stehen zudem unter einem enormen Druck. Denn, wenn die so produzierten Lösungen sich als falsch erweisen, liegt das ganze Team oder aber eine Fraktion im Team daneben. Im ersten Fall senkt diese Situation eher das Selbstbewusstsein des Teams, im zweiten Fall würde eine Fraktion über die andere wohl eher schadenfreudig triumphieren. Das Risiko, sich fachlich verrannt zu haben, erzeugt unterschwellig Druck. Geringere Unterschiede oder weniger extreme Haltungen senken zwar nicht das Scheiterrisiko, doch im Falle des Scheiterns wird es dann gemeinsam getragen.

Annäherung, Wandel bzw. kooperatives Diskutieren ist eher möglich, wenn die Unterschiede kleiner sind, das heißt, die Positionen nicht so stark voneinander abweichen. In der Arbeit mit der Skalierungsscheibe werden die kleinen Unterschiede, die mehr Spielräume für Annäherung und Differenzierung öffnen, fokussiert. Die Abstufung der jeweiligen Meinung mittels der sieben Skalierungsangebote, lädt den Kollegen ein, seine

Zustimmung zu einer Meinung zu relativieren. Viel häufiger als erwartet zeigt sich, dass trotz absolut diskutierter Positionen im Team, die Skalierung derselben viel weniger absolut ausfällt. Dies hängt auch damit zusammen, dass eine absolute Position im Team größtenteils durch kommunikative Überzeugungsschleifen entsteht. Das heißt, das Team putscht sich gegenseitig auf. Eine oder zwei Personen, die eine wie auch immer geartete dominante Position innehaben, überzeugen allmählich andere, deren Meinungen dann verdrängt werden usw. In der Skalierung bleiben die, die überzeugt wurden, zwar häufig in der Tendenz der vorherrschenden Meinung, bewerten ihre eigene Position dazu aber weniger stark. Außerdem wird durch die Arbeit mit der Skalierungsscheibe der Kommunikationsprozess unterbrochen. Die Kollegen sind bei Einhaltung der Arbeitsschritte gezwungen, sich für einige Zeit mit ihren hintergründigen Positionen zu beschäftigen.

Zum Beispiel waren, so schien es, ausnahmslos alle Kollegen eines Teams von Sozialarbeitern sich darin einig, dass sie auf Grund des zu knappen Budgets, das ihnen zur Verfügung steht, nur äußerst schlechte Arbeit leisten können. Diese Kollektivmeinung schien mittels eines längeren Kommunikations- und Überzeugungsprozesses, der durch wiederholte Haushaltskürzungen immer wieder angeregt wurde, sehr gefestigt. Die von den Kollegen in der Übung dann zu skalierende Aussage lautete: *„Die Güte unserer Arbeit ist nicht allein vom Geld abhängig!“* (7 bedeutete absolute Zustimmung. 1 klare Ablehnung der Aussage.) Nach vorangegangener Diskussion wäre zu erwarten gewesen, dass alle diese Aussage klar ablehnen. Doch viele stimmten der Aussage in der Skalierung teilweise sogar zu und skalierten Werte um die 3. Die nächste Aussage lautete dann: *„Gute Arbeit ist auch eine Frage des persönlichen Engagements.“* Hier schon überwiegende Zustimmung. Damit war die Ausgangsposition aller Kollegen relativiert.

So entstehen kleinere Unterschiede, die eine vorherrschende Meinung im Team verunsichern und in Frage stellen. Die gleichen Erfahrungen konnten mit Pro- und Kontra-Positionen im Team gesammelt werden. In den Skalierungsübungen wurden diese relativiert und alternative Sichtweisen gewannen an Raum. Es sind die kleinen Unterschiede, die, wenn sie verhandelt werden, eine große Wirkung erzielen, weil sie moderate und der Flexibilitätsstruktur des Teams angepasste Veränderungen eröffnen. Das heißt, ein Team will die mit viel kommunikativem Aufwand gebildete Kollektivmeinung nicht von einer Minute zur anderen radikal verneinen. Das können Menschen im Allgemeinen auch in anderen Lebensbezügen nicht. Man braucht eine Brücke, um eine Haltung aufzugeben und man will das Gesicht dabei wahren. Mit der abgestuften Skalierung von Aussagen ist es dagegen möglich, sich durch geringe Zustimmungsverschiebung allmählich von einer Meinung zu verabschieden.

Arbeitsablauf

Das Arbeitsverfahren kann dort zum Einsatz gebracht werden, wo es in der Arbeitssituation eine Tendenz zur Verallgemeinerung, zur Generalisierung von Meinungen oder zu einer starken Problemfokussierung gekommen ist und gemeinsam Entscheidungen getroffen bzw. Lösungen entwickelt werden sollen.

Probleme lösen und Entscheidungen treffen sind Arbeitsprozesse in Teams, die sich überschneiden und einander bedingen. Sie sind nur schwer voneinander zu trennen und sollen deshalb als ein Arbeitsbereich beschrieben werden. Das Bilden von Alternativen in Krisensituationen ist letztlich nur ein Teil der Lösung, parallel dazu müssen diese auch immer wieder gegeneinander abgewägt und selektiert werden. Entscheidungen treffen heißt in diesem Sinne, im Reflexionsprozess Prioritäten zu setzen und bestimmte Alternativen zu favorisieren.

Der hier empfohlene Arbeitsablauf für den Einsatz der Skalierungsscheibe im Zusammenhang von Problemlösung und Entscheidungsfindung ist das Ergebnis vieler Arbeitsprozesse mit der Skalierungsscheibe mit ganz unterschiedlichen Anliegen, Aufträgen und in unterschiedlichen Teams und Gruppen. Es handelt sich hier natürlich nicht um starre und unter jeden Umständen einzuhaltende Verfahrensregeln. Der Anwender kann sie flexibel handhaben und die einzelnen Module des Arbeitsablaufes bei Bedarf auch zeitlich und methodisch variieren. Um mit dem Ablauf vertraut zu werden, kann es hilfreich sein, sich zunächst einen Überblick über die einzelnen Arbeitsmodule zu verschaffen. Der Ablauf setzt sich aus drei größeren Arbeitsmodulen zusammen (siehe Abb.5). Je nach Bedarf und Situation sind die einzelnen Module in sich variabel gestaltbar.

Ablaufschema - Arbeitsmodule

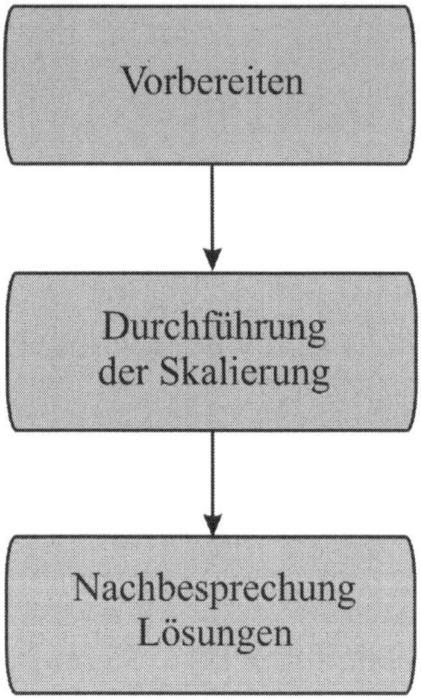

Abb. 5 Ablaufschema - Arbeitsmodule

Vorbereiten

Arbeitszeit planen

Sehr relevant für die Arbeitszeitplanung ist die Überlegung, ob der Teamleiter die zu skalierenden Aussagen oder Fragen selbst entwickelt oder ob er das gemeinsam mit dem Team tut. Bei erstmaligen Anwendungen ist es ratsam, dass der Teamleiter an Hand des Problemanalyse-Modells, das noch ausführlich beschrieben wird, selbst die skalierungsrelevanten Aussagen ermittelt und diese für die Skalierung vorbereitet. Für die Vorbereitung braucht es dann weniger Zeit. Ist das Team mit dem Arbeitsverfahren vertraut, kann es in die Problemanalyse und die Ermittlung der Skalierungsfragen einbezogen werden. Achtung! Dies gelingt nur dann zügig und reibungslos, wenn das Team kommunikativ in der Lage ist, inhaltlich-thematisch konzentriert zu arbeiten und auf den Punkt zu kommen. Ist dies eher nicht der Fall, sollte das Team allmählich dort herangeführt werden.[7]

Die durchschnittliche Teamgröße, mit der in der Erprobungsphase gearbeitet wurde, betrug sechs Personen. Der gesamte Arbeitszeitaufwand (drei Module) bei neun zu skalierenden Aussagen lag hier bei etwa 2 x 90 Minuten. Diese Zeit sollte der Anwender auf jeden Fall einplanen, wenn das Team die zu skalierenden Aussagen selbst entwickelt. Der Prozess der Aussagenentwicklung nimmt dabei etwa die Hälfte der Zeit (90 Minuten) ein. Entwickelt der Leiter die zu skalierenden Aussagen selbst und legt dem Team ein fertiges Skalierungsblatt vor, verkürzt sich die Zeit natürlich entsprechend.

Ist das Team größer, muss entweder noch mehr Zeit für die gesamte Durchführung der Skalierung eingeplant oder die Anzahl der Aussagen reduziert werden. Bei der Reduzierung der Aussagen sollte jedoch darauf geachtet werden, dass die Aussagen zu den drei Seiten eines Problems paritätisch vertreten sind. Das bedeutet, man würde von neun auf sechs bzw. drei Aussagen reduzieren (vgl. Problemanalyse).

---

[7] Hilfreich ist hier möglicherweise auch eine flankierende oder vorgeschaltete Teamentwicklung mit dem thematischen Schwerpunkt „Kommunikation im Team“ vgl. Skalierungsblatt 5 S.84ff

Ermittlung der zu skalierenden Aussagen

Zunächst einmal geht es darum, die Anatomie des Problems zu erforschen und nach Wirkzusammenhängen zu suchen. Die problematische Situation wird durch viele Faktoren, die miteinander korrelieren, hervorgerufen. Hinsichtlich dieser Wirkzusammenhänge werden nun Hypothesen gebildet und als Aussagen oder Fragen formuliert, die dann in ein Skalierungsblatt eingetragen und später von allen Kollegen skaliert werden. Die zu skalierenden Aussagen werden in drei Arbeitsschritten ermittelt (Abb.6).

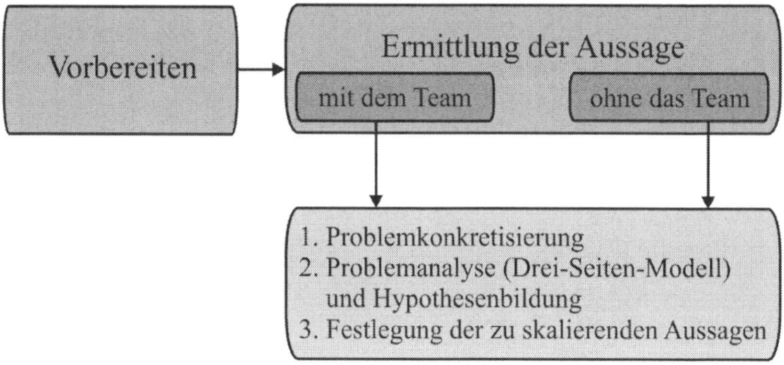

Abb. 6 Arbeitsmodul Vorbereiten - Skalierungsaussage ermitteln

Problemkonkretisierung

Erfahrungen zeigen, dass Probleme oder Störungen im Team häufig äußerst diffus beschrieben werden. In einem solchen Fall gilt es die vielen Aussagen und Beobachtungen zu sammeln, zu ordnen und dann das Problem zu konkretisieren. Am besten ist, es mit einem Satz zu beschreiben: „Unser Problem besteht darin, dass ... ." Teams, die in der Gruppenkommunikation ungeübt sind, benötigen hier etwas Hilfe bei der Sichtung und Formulierung durch den Moderator oder Leiter.

Die Problemkonkretisierung ist ein wichtiger Ausgangspunkt für das gemeinsame Eruieren des Problems nach dem im Folgenden beschriebenen Drei-Seiten-Modell der Hypothesenbildung und der Ermittlung der darauf bezogenen Skalierungsaussagen.

Die Konkretisierung soll sicherstellen, dass auch alle an der Lösung desselben Problems arbeiten und nicht jeder Kollege sein persönliches Problem bearbeitet. Ziel ist, die Aufmerksamkeit und die Kräfte im Team zu bündeln. Die Aufgabenstellung, das Problem in einem Satz zu beschreiben, hat eher eine methodisch-didaktische Funktion. Selbstverständlich bringen auch zwei oder drei Sätze das Problem auf den Punkt. Das Team soll hier lediglich angehalten werden, es so kurz wie möglich zu benennen.

Tipp 1: Für einige Teams stellt die Konkretion bereits eine Irritation dar, die im Sinne der Problemlösung durchaus erwünscht ist. So stellen sie fest, dass trotz vieler Gespräche darüber eine eindeutige Problembeschreibung schwierig ist. Sollte dies der Fall sein, ist es günstiger die Skalierungsarbeit vorerst zu verschieben. Möglicherweise sind noch genügend Unterschiede im Team vorhanden, die, wenn sie benannt werden, bereits den Lösungsprozess einleiten. Dieser Prozess sollte moderiert werden. Jeder Kollege kann hier ein Blatt oder ein Kärtchen erhalten, auf das er zunächst, ohne sich mit den anderen auszutauschen, seine Definition des gemeinsamen Problems schreibt. Anschließend kommen diese für alle sichtbar in die Mitte oder an eine Tafel und werden auf Unterschiede und Gemeinsamkeiten hin untersucht. Nun hängt es vom „tatsächlichen" Problem und vom Kommunikationsprozess ab, welche Tendenz sich herausbildet. Tendiert das Team eher dazu, die Übereinstimmungen zu fokussieren und es stellt fest, dass hinter unterschiedlichen Formulierungen doch die gleiche Problemwahrnehmung steht, unterstützt das die Problemkonkretion und die Skalierungsarbeit kann folgen. Werden eher die Unterschiede fokussiert und es fällt schwer, sich auf einen gemeinsamen Standpunkt zu einigen, ist eine Verflüssigung eher nicht nötig. Hier benötigt der Anwender oder Moderator etwas Fingerspitzengefühl, um die Balance zu halten zwischen dem Einstreuen hilfreicher Anregungen und Fragen und dem Geschehenlassen im Team.

Tipp 2: Es ist auch möglich, den Prozess der Problemkonkretisierung der Skalierungsarbeit generell zeitlich vorzuschalten. Das heißt, in einer vorangehenden Dienstbesprechung kann bereits der Auftrag erteilt werden, dass jeder bis zur nächsten Sitzung das Problem für sich auf den Punkt bringen und klar formuliert mitbringen soll. Dann kann die Skalierungsarbeit gleich mit dem nächsten Arbeitsschritt, der Problemanalyse und Hypothesenbildung begonnen werden.

Kann das Team sich hinsichtlich der Problembeschreibung nicht annähern, sollte der Leiter eine Kompromissvariante vorschlagen und die Aufnahme des Arbeitsprozesses anregen. In einem solchen Fall kann es nützlich sein, einen Teamentwicklungsprozess vorzuschalten und gegebenenfalls die Themen verdeckte Konflikte, Motivation oder Nähe und Distanz (siehe Teamentwicklung) zu behandeln.

Problemanalyse und Hypothesenbildung

Die Komplexität eines Problems macht es notwendig, einige für die Lösung relevante Seiten hervorzuheben und eingehender zu betrachten. Hierbei hat sich die Unterscheidung von drei Aspekten als ein hilfreiches Konstrukt herausgestellt. Da sind zum einen die fachliche, sachliche bzw. thematische Seite des Problems (Sachaspekt), zum anderen das Team in seiner spezifischen Weise zu kommunizieren (Teamaspekt) und als dritter Aspekt die Wahrnehmung, die Gefühle sowie die Erfahrungen des einzelnen Teammitgliedes (Aspekt des Individuums) zu benennen (Abb.7).

Diese Aspekte stellen Perspektiven dar, von denen aus sich unterschiedliche Wirkzusammenhänge wahrnehmen und entsprechende Hypothesen bilden lassen. Sie sollen hier als drei mögliche Aspekte eines Problems beschrieben werden. Generell sind jedoch auch andere bzw. weitere Perspektiven möglich.

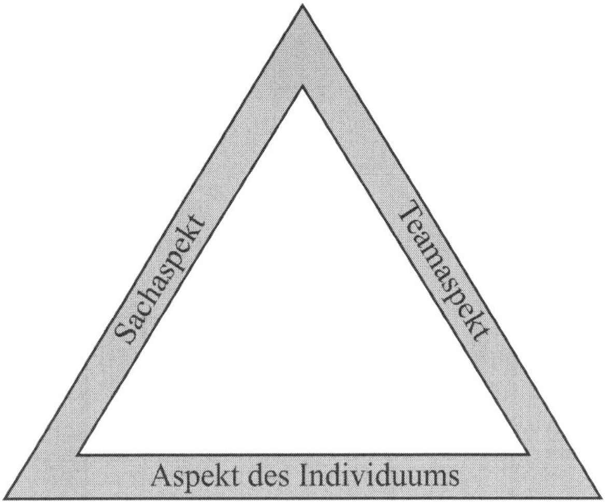

Abb. 7 drei Aspekte eines Problems

Teamaspekt

Hier soll vor allem die Dynamik und die Kommunikation im Team eingehender betrachtet werden. Die zentrale Frage, die hier gestellt werden muss, lautet: „Mit welchen Verhaltensweisen und internen Strukturen unterstützen bzw. halten wir das Problem aufrecht?"

Verhalten ist hier sehr weit zu fassen und meint nicht nur die Kommunikation im engeren Sinne, sondern auch die Beziehungsdynamik im Team. Welche Rollen gibt es? Aber auch Nähe und Distanz, Kritik und Wertschätzung spielen eine Rolle ebenso wie das Alter, der Bildungsstand, die Berufsabschlüsse und die beruflichen Erfahrungen. Unterschiede und Ähnlichkeiten führen zu Beziehungen, Loyalitäten und Abhängigkeiten. Zusätzlich wirken Sympathien, Anerkennungsreihenfolgen oder Wissenshierarchien auf die Dynamik zurück. Werte, Normen und Regeln schaffen Beziehungsstrukturen, die auf sämtliche Bereiche des Teamlebens Einfluss haben. Neben der Beziehungsdynamik sollte sich das Team auch die Arbeitsstrukturen genauer anschauen. Wer arbeitet wem zu? Wie oft sind Informationen, Briefe und Akten unterwegs? Wo und wie begegnen sich die Kollegen während eines Arbeitstages? In welchem Turnus und in welcher Form finden Dienstberatungen statt? usw.

Die Kommunikation spielt ebenfalls eine große Rolle. So sollten der Informationsfluss, die allgemeine Gesprächskultur beispielsweise in Dienstberatungen aber auch die spezielle Art und Weise, über das Problem zu sprechen, untersucht werden. Wird ein Gespräch eher defizit- oder lösungsorientiert geführt? Wird die Meinung und Haltung aller im Team berücksichtigt oder gibt es Favoriten, die letztlich einen bestimmten Tenor vorgeben? Worüber wird nicht gesprochen und welches sind die Tabuthemen? In welcher Zeitform wird diskutiert (Wir haben…, Wir sollten…, oder Wir sind…) und welche Metaphern[8] werden im Team häufig gebraucht („Wir sitzen alle in einem Boot." oder „Wir kämpfen bis zum letzten Mann.")? Die Kommunikation bildet die Wirklichkeit bzw. metaphorisch ausgedrückt die Landschaft, in der ein Team lebt, ab. Überlebt da ein Team im Großstadtdschungel, gehetzt von Terminen und sich schnell verändernden fachlichen Trends oder ruht da ein Team in sich in weiter, ländlich beschaulicher Umgebung, entspannt wartend der Dinge, die da kommen? Die Art und Weise miteinander zu reden und die Bilder, die benutzt werden, sind Teil der Dynamik und damit auch Teil des Problems oder der Lösung.

Die oben aufgeführten Fragen sind Anregungen, gerade auch die alltäglichen Vorgehensweisen kritisch unter die Lupe zu nehmen und auf ihren möglichen Problembezug hin zu überprüfen. Ein Team organisiert sich um das Problem herum, das heißt, es entwickelt in ganz alltäglichen Zusammenhängen die Zutaten, die das Problem stabilisieren. Es kann hilfreich sein, sich die Frage zu stellen, ob eine geringfügige Veränderung banaler Interaktionsabläufe einen Einfluss auf die Konstruktion des Problems hat. Ist dies der Fall, eignet sich der Aspekt für eine Skalierung.

---

[8] „Metaphern reduzieren die Komplexität der Welt. Sie erzeugen Zusammenhänge, Stabilität des Erlebens und Sinn. Metaphern eröffnen Denk- und Handlungsoptionen, begrenzen diese jedoch gleichzeitig auch auf das, was mit Metaphern zu beschreiben ist. Metaphern haben gleichzeitig deskriptive und präskriptive Funktionen." (Lauterbach, 2004, S.138)

Sach- und Fachaspekt

Probleme werden verdinglicht und damit zu etwas gemacht, was außerhalb von denen, die sie produzieren, scheinbar selbstständig existiert. Damit erhalten sie ein Eigenleben. Man kann sie haben wie ein Objekt (Ich habe ein Problem. Ich habe eine Grippe oder eine Depression. ...) oder sie kommen als heimtückisches Es daher (Es ist schon wieder passiert. Es hat mich erwischt. ...). Der eigene Anteil am Problem wird dissoziiert (Natho, 2004, S.133f). Dieser kommunikative Vorgang ist Bestandteil der Problemkonstruktion. Die Aufmerksamkeit wird in diesem Fall ganz auf die Beschaffenheit der als Problem bezeichneten Sache gerichtet. Das können Gegenstände, Personen aber auch die Beziehungen in objektivierten sozialen Systemen (Beziehungskiste) sein. Die Fragestellungen, die den Blick für diesen Aspekt eines Problems schärfen, lauten: „Worüber wird eigentlich diskutiert? Was ist tatsächlich vorhanden, wenn man die Problemkonstruktion als Wirklichkeit betrachtet? Was ist denn letztlich zu sehen, wenn man aus unterschiedlichen Perspektiven das vermeintlich selbstständige Problem anschaut?“

Wenn Erzieher beispielsweise ein Problem mit einem ungezogenen Kind haben, bedeutet dies, sich das Kind genau anzuschauen. Wie alt ist es? Ist das Verhalten entwicklungsadäquat oder weicht es tatsächlich von der Norm ab? Wo lebt es? Wurde es möglicherweise in der Herkunftsfamilie traumatisiert? Welches Verhalten genau erweckt den Eindruck, es wäre ungezogen? Wie oft am Tag zeigt das Kind dieses Verhalten? Zeigt es darüber hinaus auch Verhalten, das den Eindruck vermitteln könnte, es sei artig und nett? Wie viel Prozent des Tages ist das Kind unauffällig? Kann es sein Verhalten überhaupt selbst steuern oder ist das Verhalten im Rahmen einer psychischen Störung normal? usw. Das sind Fragen, die gestellt und mit Hypothesen beantwortet werden. Eine Hypothese, die als Aussage für das Skalierungsblatt Verwendung finden könnte, wäre in diesem Fall beispielsweise: „Das Kind kann eher nichts für sein Verhalten“ oder „Das Kind hat auch gute Seiten, die zu selten unsere Aufmerksamkeit finden“ usw.

Aspekt des Individuums

Der Einzelne im Team bzw. sein Verhalten ist immer auch ein Teil des Problems. Auf Grund der hohen Komplexität und der selbstreferenziellen Organisation sozialer Systeme ist jede Person autonom und interdependent zugleich. Wie groß oder wie klein der Anteil des Einzelnen an der Problemerschaffung ist, spielt dabei keine Rolle. Selbst wenn offensichtlich ist, dass ein Kollege durch einen Fehler die lösungsbedürftige Situation herbeigeführt hat, so haben auch die anderen Mitglieder ihren Anteil daran. Sie haben das problemauslösende Verhalten des Kollegen möglicherweise zu spät bemerkt. Vielleicht waren sie auch zu bequem, den hilfebedürftigen Kollegen zu unterstützen oder sie trauten sich nicht, ihn anzusprechen. Wer auf sich selbst schaut, kann viele eigene Verhaltensweisen entdecken, die problemauslösend gewirkt haben können.

In diesem Bereich der Problemanalyse geht es also nicht um die Suche von Schuldigen, sondern um die Suche möglicher eigener Anteile. Es werden einige Hypothesen gesammelt. Kommt es zu einer späteren Skalierung der Hypothese müssen sich auch die anderen Kollegen bezüglich der hier gemachten Selbstbeobachtung überprüfen.

Tipp: Hilfreich ist, die eigenen Anteile als Ich-Aussagen zu formulieren. Ich bin unsicher. Ich bin genervt. Mir fehlt es an fachlichen Informationen. Ich verlasse mich zu sehr auf mein Gefühl, als auf mein fachliches Wissen usw. (vgl. Beispiel S.61ff)

Zusammenfassung des Arbeitsschrittes Problemanalyse, Hypothesenbildung

Die drei Seiten eines Problems werden wie eben beschrieben unter die Lupe genommen und es werden entsprechende Hypothesen dazu gebildet. Dies kann der Leiter oder Moderator im Rahmen seiner Vorbereitung für sich allein oder - wenn bereits beschriebene Voraussetzungen vorhanden sind - gemeinsam mit dem Team tun. Dann sollte der Prozess jedoch methodisch unterstützt werden. In kleineren Teams bis etwa vier oder fünf Personen kann die Hypothesenbildung im Plenum durchgeführt werden.

Sind die Teams größer ist es ratsam, eine individuelle Reflexion der drei Seiten vornehmen zu lassen und sie dann anschließend im Plenum zu benennen. Für die individuelle Reflexion ist das Arbeitsblatt „Problemanalyse und Hypothesenbildung“ im Anhang S.120 geeignet. Jeder Kollege erhält ein solches Arbeitsblatt und kann in einer Einzelarbeit die einzelnen Punkte untersuchen, seine Beobachtungen und die daraus resultierenden Hypothesen entwickeln. Anschließend kommen diese im Plenum zur Vorstellung.

Beispiel

Ein Team von Sozialarbeitern stellt fest, dass die Jugendlichen, die sie in einer Gruppe zu betreuen haben, sich gegenseitig nicht mögen und es häufig zu Konflikten kommt, die mitunter in gegenseitiger körperlicher Gewaltanwendung gipfeln.

Beobachtungen bzw. Zusammenhangshypothesen als skalierungsfähige Aussagen formuliert:

Teamaspekt

- Wir sind mit unserem Konfliktverhalten kein (ein) Vorbild.
- Den konstruktiven Umgang mit Ärger und Angst können Jugendliche von uns nicht lernen.
- Wir reden mehr über das, was die Jugendlichen falsch machen, als über das, was ihnen gelingt.
- Im Team gilt die Norm, Ärger und Angst werden nicht gezeigt.
- Unser Erziehungsziel ist zu hoch angesetzt.
- Bei Strafandrohungen den Jugendlichen gegenüber sind wir nicht konsequent.
- Auch kleine Vorfälle werden von uns hoch gespielt. (Wir machen öfter aus einer Mücke einen Elefanten.)
- Wir gehen nicht offensiv gegen die körperliche Gewalt vor.
- In unserem Team gibt es klare Machtstrukturen, wir müssen daher nicht gegeneinander kämpfen.

Sachaspekt

- Alle Jugendlichen in dem Alter schlagen sich mal, das ist Teil eines pubertären Rollenkampfes.
- Die weiblichen Jugendlichen sind in der Minderheit und können ihren gemäßigteren Konfliktlösungsstil in der Gruppe nicht durchsetzen.
- Jugendliche wollen sich auch körperlich spüren.
- Jugendliche können nur schwer vernünftig sein.
- Die Jugendlichen leben zu eng aufeinander.
- Der Wohnbereich ist zu eng. Die Jugendlichen können sich nicht aus dem Weg gehen.
- Die Gruppenregeln zielen zu stark auf die Einhaltung von Harmonie und Frieden ab.
- Es betrifft nicht alle Jugendlichen. Manche sind in der Lage, nachzugeben und einzulenken.

Individuum

- Ich habe Angst vor einigen Jugendlichen.
- Mir ist es letztlich egal, ob die Jugendlichen sich gegenseitig ihre Köpfe einschlagen.
- Mir fehlen Konfliktlösungsstrategien.
- Ich sehe zu lange weg.
- Ich kann die Jugendlichen verstehen, ich war als Jugendlicher nicht anders.
- Ich bin in meiner Strafumsetzung nicht konsequent genug.
- Ich investiere keine Kraft mehr, denn ich sehe die Jugendlichen nicht mehr lange in unserer Einrichtung.
- Ich habe kein Vertrauen in die Entwicklungsressourcen der Jugendlichen.

Festlegung der zu skalierenden Aussagen

Findet dieser Arbeitsschritt im Team statt, dann geht es darum, die Hypothesen und Aussagen zu sichten, zu ordnen und zu selektieren. Ziel ist es letztlich, die Aussagen zu ermitteln, die in das dafür vorgesehene Skalierungsblatt (S.121) eingetragen werden sollen. Wichtig ist hierbei, die einzelnen Beobachtungen und Aussagen nicht zu bewerten. Ihr Wahrheitsgehalt spielt keine Rolle. Deshalb gibt es kein richtig oder falsch, lediglich Aussagen, die relevant oder interessant sind. Interessant im Sinne der diesem Arbeitsverfahren zu Grunde liegenden Problemlösetheorie ist aller Voraussicht nach die Aussage, die die meisten Neuigkeiten verspricht.

Dass mit zunehmender Größe des Teams auch die Zahl der Hypothesen wächst, muss wohl nicht weiter erklärt werden. Dann ist es sinnvoll methodisch strukturiert vorzugehen und den Prozess der Selektion mit geeigneten Moderationstechniken zu unterstützen. Eine andere Möglichkeit ist die vorherige Begrenzung der Anzahl von Hypothesen. So kann jeder Kollege die Anweisung erhalten, lediglich eine Hypothese zu jedem Problemaspekt zu formulieren.

Bereitet der Leiter oder Moderator die Skalierung selbst ohne Mitarbeit des Teams vor, entscheidet er auf Grund seiner fachlichen und sozialen Kompetenz, welche Aussagen im Skalierungsblatt stehen sollen. Im Prinzip kann er im Rahmen der Vorbereitung die gleichen Arbeitsschritte gehen, wie sie hier aus Sicht der Teamarbeit beschrieben wurden.

Entsprechend der Anzahl der Kollegen wird das vorbereitete Skalierungsblatt (S.121) vervielfältigt, so dass es im nächsten Arbeitsschritt zur Verfügung steht.

Weiterführende Tipps: Aussagen im Gespräch eruieren

Mit der Skalierungsscheibe lassen sich auch Gesprächsprozesse unterstützen, deren methodische Aufmerksamkeit nicht auf dem Skalierungsinstrument selbst liegt. Dann wird die Skalierung nur kurz verwendet, um einen Aspekt des Gespräches näher zu beleuchten. In einem solchen Fall lassen sich einzelne Aussagen, deren Skalierung einen hohen Informationswert für das jeweilige Arbeitsthema versprechen, auch ohne aufwändige Problemanalyse eruieren.

Oft fiel in der Arbeit mit Teams auf, dass es einige Personen gibt, die daran interessiert sind zu erfahren, wie andere Kollegen über bestimmte Arbeits- oder Beziehungszusammenhänge denken bzw. welche Positionen diese einnehmen. Oft werden im Team Fragen gestellt, die jedoch ungehört und unbeantwortet bleiben. Die Gründe dafür sind vielfältig und sollen hier nicht erläutert werden. Der aufmerksame Teamleiter oder Berater achtet auf solche oft unauffällig gestellten Fragen („Ich weiß ja nicht wie die anderen Kollegen dies oder jenes sehen, aber ich verhalte mich immer so und so“ oder „Ich würde zu gern wissen, wie es anderen im Team damit geht, doch leider haben wir zu wenig Zeit darüber ausführlich zu diskutieren“). Er fragt nach („Würden Sie gern wissen, wie andere Kollegen sich in einer solchen Situation verhalten?“ ... „Was denken Sie, welche unterschiedlichen Handlungsansätze außer ihrem Verhalten wären in der Situation noch möglich?“ ...) und formuliert die so ermittelten Verhaltensvarianten als Aussagen, die als Arbeitsgrundlage im Sinne der Skalierung dienlich sind. („In der Situation ... verhalte ich mich so cool wie möglich“ oder „In der Situation ist es angebracht, seinen Ärger zu zeigen“ usw.) Diese werden nacheinander in das Skalierungsblatt B – Teamentwicklung (S.122) eingetragen und die Skalierung kann beginnen.

Tipp: Aussagen vorbereiten lassen

Eine weitere Variante der Ermittlung von skalierungsfähigen Aussagen ist die Vorbereitung der Aussagen im Vorfeld der Arbeitssitzung. Alle Kollegen werden gebeten, sich auf die Sitzung vorzubereiten und zu überlegen, welche Haltung und Position anderer Kollegen zu einer bestimmten Arbeitssituation sie interessiert, z.B. „Qualitätsentwicklung ist für die Arbeit in unserem Team (nicht) nützlich.“ „Das Zu-spät-kommen von Frau S. finde ich (un-) akzeptabel.“ „Der Wochenenddienst sollte prinzipiell nur von kinderlosen Kollegen abgesichert werden.“ usw.

Durchführung

Der Vorbereitung schließt sich die eigentliche Skalierungsarbeit mit der Skalierungsscheibe an. Das Modul Durchführung der Skalierung untergliedert sich in zwei Hauptarbeitsschritte: 1. die Skalierung auf dem vorbereiteten und vervielfältigten Skalierungsblatt und 2. die Skalierungsdurchläufe mit Hilfe der Skalierungsscheibe (vgl. Abb.8).

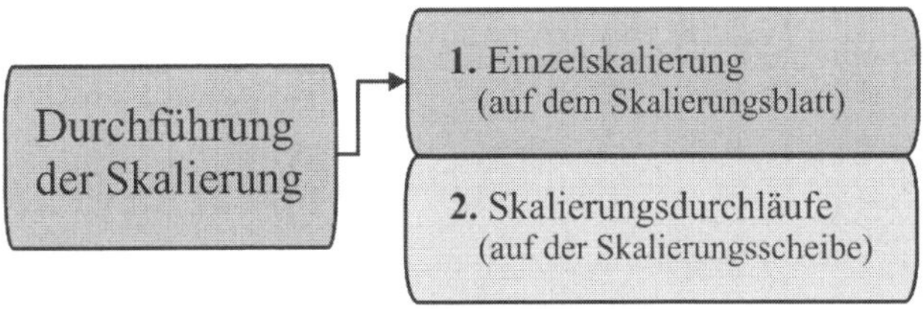

Abb. 8 Arbeitsmodul Durchführung - Skalierungsscheibe

Einzelskalierung

Die Bezeichnung Einzelskalierung leitet sich aus der speziellen Arbeitsform ab. Jeder Kollege hat nun das vorbereitete Skalierungsblatt vor sich und nimmt selbst, ohne den Austausch mit den anderen, die Skalierung der einzelnen Aussagen vor. Skalierung heißt hier, er prüft, in welchem Maße er der Aussage auf Grund seiner eigenen Wahrnehmung und Erfahrung zustimmen kann, legt dafür einen Zahlenwert zwischen 7 und 1 fest und kreuzt diesen entsprechend an (siehe Tab.1).

Aussage	hoch Zustimmung	Skalierung	niedrig Ablehnung
1. Unser Erziehungsziel ist zu hoch angesetzt.	7 6 5 4 3 2 1		
2. Wir sind mit unserem Konfliktverhalten kein Vorbild.	7 6 5 4 3 2 1		
3. ...	7 6 5 4 3 2 1		

Tab. 1 Beispiel Einzelskalierung

Wurden die Aussagen vom Leiter oder Berater selbst vorbereitet, kann es gelegentlich zu Rückfragen kommen, wie das eine oder andere zu verstehen ist. Eine Diskussion darüber, wie eine Aussage richtig zu verstehen ist, stört in aller Regel den Skalierungsprozess und ist daher zu vermeiden. Der nachfragende Kollege kann dann aufgefordert werden, die Aussage so zu deuten, wie er meint sie zu erfassen und soll dann dazu seine Position finden und skalieren. Eine Abstimmung der Kollegen untereinander hinsichtlich der Bedeutung und des Sinns bestimmter Aussagen sollte auf jeden Fall vermieden werden. Diese würde eine Angleichung der Positionen begünstigen und die Unterschiedsbildung erschweren.

Jede Aussage wird skaliert! Das heißt, die Kollegen werden mit Nachdruck angehalten, sich zu jedem Punkt zu positionieren. Wird darauf nicht geachtet, schleicht sich bei manchen Kollegen leicht eine Vermeidungshaltung bezüglich verfänglicher oder brisanter Aussagen ein, z.B. „Zu Punkt 3 kann ich nun wirklich nichts sagen, da habe ich gar keine Position zu". Solche Haltungen sollten mit Nachdruck zurückgewiesen werden. Dieses Arbeitsverfahren lebt davon, dass sich jeder Kollege im Team beteiligt („Bitte versuchen Sie es trotzdem, Sie können uns im nächsten Arbeitsschritt gern mitteilen, warum Ihnen eine Positionierung nicht ganz leicht fiel").

Skalierungsdurchläufe

Nach Beendigung der Einzelskalierung, die in der Regel weniger als drei Minuten dauert, folgen die Skalierungsdurchläufe. Eine Übersicht soll die Einordnung des nächsten Arbeitsschrittes verdeutlichen (Abb.9). Jeder Kollege erhält nun eine Figur, die er für sämtliche Skalierungen nutzt.

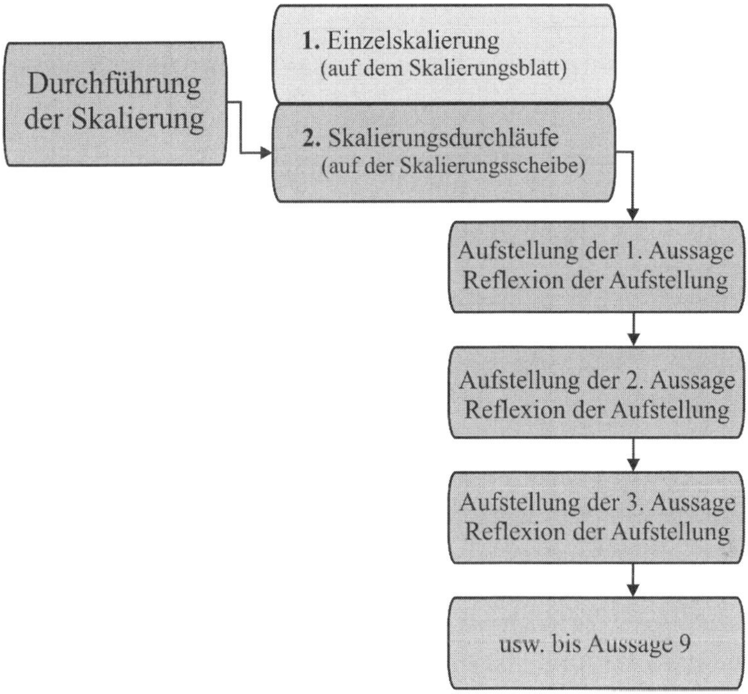

Abb. 9 Arbeitsmodul Durchführung - Skalierungsdurchläufe

Aufstellung

Ein Skalierungsdurchlauf setzt sich aus zwei Arbeitsschritten zusammen: 1. der Skalierung des gesamten Teams auf der Skalierungsscheibe und 2. der anschließenden Reflexion der Aufstellung. Entsprechend der Anzahl der zu skalierenden Aussagen auf dem Arbeitsblatt folgen nun die einzelnen Durchläufe. Jedes Teammitglied stellt unter Offenlegung seiner Einzelskalierung seine Figur auf die Skalierungsscheibe in die dafür vorgesehenen Skalierungsringe 1 - 7.

Im ersten Durchgang wird der skalierte Wert für die erste Aussage aufgestellt und anschließend reflektiert. Es schließt sich der zweite Durchgang an, in dem folglich die zweite Aussage aufgestellt und anschließend reflektiert wird. Die Skalierungsdurchläufe werden so lange wiederholt, bis alle Aussagen des Skalierungsblattes abgearbeitet sind.

Reflexion der Aufstellung

Jeweils nach der Aufstellung erfolgt die Reflexion, das heißt, ein gemeinsames Gespräch über das Skalierungsbild, über die Unterschiede zwischen den Skalierungswerten einzelner Teammitglieder und darüber, welche Bedeutungen dies für die gesuchte Lösung haben könnte.

Die Tatsache, dass die Kollegen während dieses Arbeitsschrittes von außen auf ihre Figuren und damit auch auf sich selbst und ihre Positionen schauen, schafft für den Reflexionsprozess automatisch eine Metaebene. Die Teammitglieder nehmen quasi eine Außenposition ein, die sie zu einem gewissen Teil kommunikativ aus der ursprünglichen Enge des Problems herauslöst und die Blicke für neue Details frei werden lässt. Diese Metaposition, die letztlich die Kommunikation über Kommunikation ermöglicht, erleichtert das Erkennen von strukturellen Zusammenhängen innerhalb der Problemkonstruktion und stellt einen gewichtigen Umstand für die Erschließung von alternativen Sichtweisen dar.

Die Aufmerksamkeit der Reflexion kann auf unterschiedliche Gesichtspunkte gelenkt werden. Je nach Bedarf, thematischer Notwendigkeit oder aktueller Dynamik im Team setzt der Leiter oder Moderator über seine Gesprächsführung entsprechende Schwerpunkte. Da die Reflexion das Herzstück des Arbeitsverfahrens ist, werden einige Schwerpunkte im Folgenden ausführlicher dargestellt. Wichtig ist, sich für die Beurteilung der Unterschiede genügend Zeit zu nehmen. Jedes Teammitglied soll zu Wort kommen und die eigene Position sowie die damit zusammenhängenden Wahrnehmungen mitteilen. Gemeinsam werden die Standpunkte diskutiert und Neuigkeiten auf Lösungspotentiale hin untersucht. Hier braucht es vom Leiter oder Moderator etwas Geschick in der Gesprächsführung, das man sich mit etwas Übung leicht aneignen kann.

Ein Einstieg in die Reflexion könnte zunächst ein Nachdenken über das Gesamtbild der Aufstellung sein: *„Was sehen Sie, wenn Sie sich die Skalierung aller Kollegen anschauen?“* Die Antworten hierauf geben oft Aufschluss bzw. vermitteln Hypothesen über Beziehungen, Kommunikation und Meinungstendenzen im Team. Manchmal ist das Team gespalten und in einzelne Lager zerfallen. Das Team kann überlegen, inwieweit die Beziehungssituation Auswirkungen auf eine eventuelle Lösung haben könnte. Hinter dem Reflexionsschwerpunkt steht die Idee, dass die Beziehungen im Team auf die Konstruktion von Problemen und Lösungen zurückwirken. Hier treten in aller Regel auch die ersten wirksamen Neuigkeiten in Form von Überraschungen auf, z.B. *„Das ist ja erstaunlich, dass so viele Kollegen dieser Aussage eher nicht zustimmen“* oder *„Nein, das hätte ich ja nicht erwartet, dass Sie, Herr H., hier auf der 7 stehen“*, *„Wie kommt es, dass Sie das überrascht?“*, *„Nun ja, ich nahm an, Sie vertreten da eher auch die Position von Frau M.“* usw.

Wichtig ist die Bedeutung, die den Neuigkeiten für die Lösung zugeschrieben wird: *„Wenn Sie der Aussage so sehr zustimmen, schildern Sie uns doch einmal die Argumente oder Ideen!“*

Interessant kann auch sein, welche Kollegen in ihren Skalierungen am weitesten auseinander stehen und welche sich auf Grund der skalierten Werte eher näher sind. Welche Neuigkeiten sind in dieser Beziehung zu finden und wie lassen sich diese für die Lösung nutzen: *„Das habe ich ja gar nicht erwartet, Herr L., dass Sie hier eine ganz ähnliche Position einnehmen, wie sie von mir geschildert wurde. Sollten wir da nicht öfter mal zusammenarbeiten?“* Mögliche Frage des Moderators: *„Angenommen, Sie würden das tun und mehr kooperieren, wie ginge es den anderen Kollegen und in welcher Weise würde dies die Lösung unseres Problems unterstützen?“*

Ein weiterer wichtiger Reflexionsgegenstand sind die Unterschiede im Team, dabei kommt es weniger auf gravierende Differenzen (wie zwischen

1 und 7), sondern insbesondere auf die kleinen Unterschiede an. Kleine Unterschiede lassen sich im Allgemeinen besser diskutieren als große. Hiermit sind Unterschiede zwischen aufeinander folgenden Skalierungspunkten gemeint: *„Was hat Sie eher bewogen, der Aussage stärker (schwächer) zuzustimmen als andere im Team?“ „Welche speziellen Beobachtungen und Erfahrungen liegen Ihrer Skalierung zu Grunde?“* Im Gespräch wird geprüft, ob die gemachten Beobachtungen eine mögliche Ressource für die Lösung darstellen: *„Wer vertritt eher eine abweichende Position und wie wird sie begründet?“*

Der Entwicklungsimpuls liegt dabei nicht unbedingt in den Unterschieden an sich, also in den Positionen oder Meinungen, sondern in der Beziehung der Positionen zueinander, also in der Kommunikation darüber. In aller Regel entsteht dieser dynamische Impuls, wenn es Unterschiede gibt, von allein und wirkt auf das Gesprächsergebnis zurück. Die Lebendigkeit und Kreativität wächst, erste Anregungen werden eingestreut. Hier ist nur etwas Aufmerksamkeit notwendig, um die Lösungsimpulse herauszuhören und zu benennen.

Ein weiterer Schwerpunkt ist die Reflexion der zwei Felder einer Skalierung und deren Verhältnis zueinander. Das heißt, die Unterschiede in einer Skalierung an sich sind Gegenstand des Gespräches. Dass eine Skalierung unweigerlich zu zwei Seiten führt, wurde bereits in Kapitel 1 unter dem Aspekt der Unterschiedsbildung erläutert (vgl. S.31ff). Das Prinzip der zwei Seiten gilt auch bei Skalierungen zwischen 1 und 7. Stellt also jemand seine Figur auf die 5, so gibt es zwei Seiten, einmal die von 1-5 und die andere von 5-7 (Abb.10).

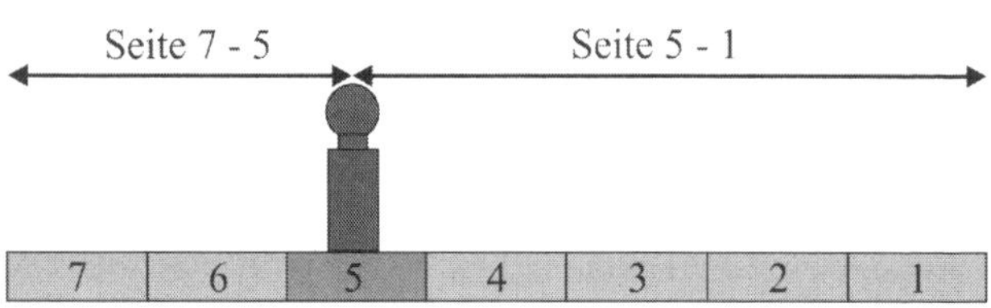

Abb. 10 zwei Seiten einer Skalierung

Die Aufmerksamkeit richtet sich auf die Bedeutungszuschreibungen der beiden Seiten und auf die Spannung, die zwischen ihnen liegt. Mit einfachen hypothetischen Fragen lassen sich die jeweiligen Seiten ausleuchten und bei Bedarf verschieben. Ein Gesprächsbeispiel in Anlehnung an das bereits aufgebaute Beispiel zur Erarbeitung und Festlegung von skalierungsfähigen Aussagen (S.61ff) soll die Fragetechnik näher erläutern.

Z.B.: zu skalierende Aussage „Mir fehlen Konfliktlösungsstrategien."
„Mit dem Skalierungswert 5 stimmen Sie der Aussage ja eher zu. Aber auch nicht vollkommen, denn es fehlen ja noch zwei Skalierungspunkte. Das heißt, Sie haben durchaus einige Konfliktlösungsstrategien. Welche sind das und was glauben Sie, müsste geschehen (bei Ihnen selbst oder im Team), dass die Wirkung dieser vorhandenen Strategien stärker bzw. größer wird?" oder *„Angenommen, Ihnen würde tatsächlich keine einzige Lösungsstrategie zur Verfügung stehen, was wäre dann im Team anders? Wäre das eher besser oder schlechter? Was müssten Sie und andere Kollegen tun, dass es im Sinne der Lösung besser wäre? Woran würden Sie merken, dass Sie oder andere Kollegen bei 7 angekommen sind? Was könnten Sie tun oder was müsste im Team, im Unternehmen passieren, dass Sie eher bei 4 oder bei 6 landen würden?"*

Eine Zielfrage, das heißt, die konkrete Fokussierung einer möglichen Ressource für die Lösung wäre in diesem speziellen Fall: *„Was glauben Sie, welchen Wert hinsichtlich der Skalierung dieser Aussage müssten Sie und andere im Team einnehmen können, um die Lösung des Problems ein wenig zu unterstützen? Was müssten Sie konkret tun und was erwarten Sie von den Kollegen, um gemeinsam einen solchen angenommenen Idealwert zu erhalten?"* In dieser Weise wird die Spannung zwischen den beiden Skalierungsseiten aufgebaut und nach alternativen Verhaltensweisen gefahndet.

Teams, die sich durch eine hohe Diskutierfreudigkeit auszeichnen, so wie das gelegentlich in sozialen Berufsfeldern zu beobachten ist, sollen durch den Moderator oder Leiter des Teams hinsichtlich dieser Fähigkeit gebremst werden. Es sollte dann darauf hingewiesen werden, dass sich nicht alle Details ausdiskutieren lassen. Eine lebhafte Diskussion ist jedoch auch als Entwicklungsimpuls zu verstehen. Da, wo das Gespräch in Gang kommt, werden Ideen verglichen und neue entwickelt. Solche Situationen bedürfen der Moderation. Folgende Schritte in der Gesprächsführung wären denkbar: Unterschiede auf den Punkt bringen, Prioritäten setzen und für die Nachbesprechung sichern. Die abschließende Diskussion kann in der Nachbesprechung erfolgen.

Zum Abschluss der Reflexion ist es nützlich, sich bereits geistige oder auch schriftliche Notizen darüber zu machen, welche Neuigkeiten, Unterschiede und alternative Sicht- bzw. Verhaltensweisen es für die Lösung gibt. Hier ist noch einmal der Teamleiter oder Moderator gefragt, der in geeigneter Form hilfreiche Gesichtspunkte für die Nachbesprechung sammelt.

Ist der erste Skalierungsdurchlauf abgeschlossen, folgen die nächsten in der eben beschriebenen Weise. Dann kann zum nächsten Arbeitsmodul, der Nachbesprechung übergegangen werden.

Nachbesprechung

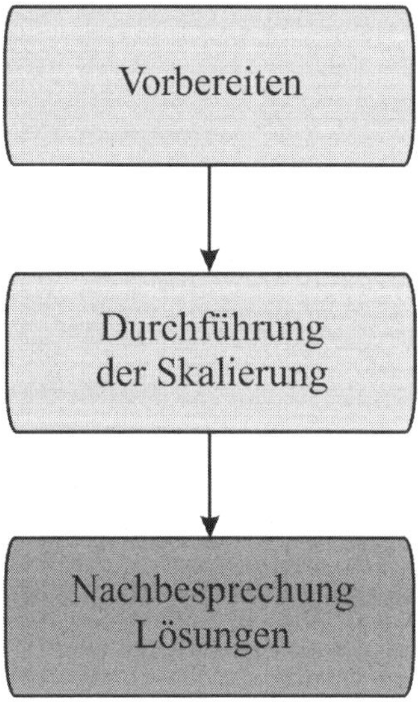

Abb. 11 Arbeitsmodul Durchführung Nachbesprechung

Entscheidungsfindung und Entscheidung

Die für die Lösung relevanten Erfahrungen, Ideen und Haltungen werden gesichtet und bewertet. Welche Kriterien hier im Einzelfall der Bewertung zu Grunde gelegt werden, wird sehr von der gesuchten Lösung und von den Umständen der Arbeit abhängen. Aus diesem Grund sollen hier nicht explizit einzelne Kriterien und ihre mögliche Priorität für die Entscheidungsfindung beschrieben werden. Auch das didaktische Vorgehen kann ganz unterschiedlich sein. Manchmal liegt die Lösung nach den Skalierungsdurchläufen auf der Hand und es ist ausreichend, diese zu konstatieren. Andererseits ist es möglich, dass sich mehrere lösungsversprechende Alternativen anbieten und es muss entschieden werden, wo und wie die konkrete Lösung umzusetzen ist. Hier wären Techniken der klassischen Moderation beispielsweise Bewertungslisten oder Punktabfragen hilfreich, um Prioritäten zu setzen und Handlungsabläufe zu entwickeln.

Sich für eine Alternative zu entscheiden heißt auch, die Umsetzung im Blick haben. Also genau zu planen, wer konkret was bis wann, wie und wo macht.

Tipp: Es gibt Teams, die generell so ehrgeizig oder durch die Skalierungsarbeit so motiviert sind, dass sie glauben, das Unmögliche möglich machen zu können. Das ist zwar prinzipiell wünschenswert, doch führt dies gelegentlich dazu, dass sie sich in ihren Möglichkeiten überschätzen oder sich zu hohe Ziele stecken, an denen sie sich dann aufreiben. Sinnvoller ist es dagegen, zunächst die nahe liegenden und die leicht umsetzbaren Lösungsschritte ins Visier zu nehmen oder die Umsetzung der Lösung in kleinen Schritten zu planen. Dann sollten Praktikabilität und Einfachheit Entscheidungsprioritäten sein und eventuelle Lösungen mit der Frage: *„Welche Lösungsidee lässt sich am einfachsten, am schnellsten und mit geringem Aufwand umsetzen?“* herausgefiltert werden.

III. Teamentwicklung

Empirische Grundlagen

Die Teamentwicklung hat in den letzten Jahren in wirtschaftlichen und sozialen Unternehmen immer mehr an Bedeutung gewonnen. Dies rührt zum Teil auch daher, dass das, was Systemtheoretiker schon seit Jahrzehnten postulieren - lebende und damit auch soziale sowie wirtschaftliche Systeme organisieren sich größtenteils selbst - in jüngerer Vergangenheit für jeden nachvollziehbare Realität geworden ist. So erleben vor allem politische und ökonomische Planer und Manager, wie ihre Bemühungen, die Wirtschaft gezielt zu steuern bzw. anzukurbeln ins Leere laufen. Gerade die freie Marktwirtschaft ist ein äußerst komplexes und sehr lebendiges Gebilde, das in erster Linie von sozial-ökonomischen Faktoren und nicht zuletzt von der kollektiven Psyche ganzer Gesellschaftsgruppen bestimmt wird. Sie lässt sich deshalb auch nur äußerst schwer direkt durch einzelne arbeitsmarkt- oder steuerpolitische Maßnahmen in eine bestimmte Entwicklungsrichtung lenken. Der Blick richtet sich verstärkt auf die vielfältigen Prozesse, die in wirtschaftlichen und ökonomischen Subsystemen ablaufen. Hier im Mikrokosmos liegen die wesentlichen Kräfte für Veränderungen. Während Manager kommen und gehen, überdauern flexible und sich selbst organisierende Subsysteme die wirtschaftlichen Krisen. Sie sind die Quelle von Innovation, Kreativität, Produktivität und zeigen bei zugelassener Entwicklungsfreiheit ein erstaunliches Maß an Anpassungsfähigkeit und Veränderungsbereitschaft.

In den letzten Jahren wurde auch klar, dass der in Politik und Wirtschaft viel verwendete Begriff des „Steuerns“ im Kontext komplexer, sich selbst organisierender Systeme völlig fehl am Platz ist, ja sogar falsche Erwartungen weckt und deshalb kontraproduktiv wirken kann. So wie Wirtschaftskapitäne nicht wirklich ihre weltweit operierenden Konzerne steuern, sondern lediglich beobachten und verwalten, genauso wenig lassen sich kleinere Unternehmen und Teams steuern. Sie sind eben keine

Maschinen. Es fehlen die Hebel und Knöpfe, die beim Betätigen zielgerichtete und eindeutig zuvor determinierte Operationen durchführen. Eine triviale Maschine (von Foerster, 1995, S.59ff) wie beispielsweise das Auto hat ein Lenkrad und andere operational eindeutig gebundene Steuerinstrumente wie Bremse, Gaspedal oder Blinker. Bedient der Fahrer diese, dann fährt das Fahrzeug eben eine Kurve oder es verzögert seine Geschwindigkeit. Das Steuern und Lenken sind Metaphern aus einer technisch-mechanischen Welt, die für die Beschreibung von Veränderungsprozessen bei lebenden und sozialen Systemen schlichtweg falsch sind.[9]

Im Kontext dieser generellen Ernüchterung hinsichtlich der begrenzten Steuerbarkeit sozialer Systeme bewerten auch Manager, Führungskräfte und Teamleiter ihre Möglichkeiten, auf komplexe Prozesse Einfluss nehmen zu können, zunehmend realistischer. Die Theorie von der operationalen Geschlossenheit, der Selbstorganisation lebender Systeme (Luhmann, 1984), die in der Soziologie, der Psychologie und vor allem in der systemischen Therapie / Psychotherapie zur Entwicklung äußerst wirksamer Methoden führte, findet nun auch innerhalb der Organisationsberatung und der Teamentwicklung größere Aufmerksamkeit. So ist es nicht verwunderlich, dass namhafte systemische Psychotherapeuten und Psychiater ihr Know-how vorzugsweise Firmen und Betrieben anbieten und dort als Unternehmensberater tätig werden.

Unternehmen, Teams bzw. Arbeitsgruppen werden auf dem Hintergrund der modernen Systemtheorie als sich selbst entwickelnde Systeme verstanden. Dieses auch als Autopoiese bezeichnete Organisationsprinzip beschreibt die Entwicklung in operational geschlossenen Systemen durch rückbezügliche Prozesse innerhalb des Systems. Die Selbstbezüglichkeit wirft das System in seinen Operationen immer wieder auf sich selbst zurück und zwingt es, die Lösung für ein Problem in der eigenen Veränderung oder Neustrukturierung zu suchen (Natho, 2004, S.42ff). Das in der Psychologie und Soziologie an vielen Beispielen beobachtbare Phänomen ist für die Veränderung von Teams bzw. für deren

[9]Der Mensch ist wohl das beste Beispiel eines lebenden, sich selbst steuernden Systems. Er hat keine Bedienelemente, mit denen sich ein bestimmtes Verhalten einstellen lässt und so sind Erzieher und Psychologen darauf angewiesen, sehr einfühlsam mögliche Entwicklungspotentiale beim Klienten zu erkunden und adäquate Reize darzubieten, die eine bereits vorhandene Entwicklungstendenz unterstützen.

Entwicklung von enormer Bedeutung. Teamleiter und Gruppenleiter begreifen, dass Teams äußerst sensible und lebendige Organismen sind, die sich durch eine außergewöhnliche Vielfalt auszeichnen.

Eine Teamentwicklung gesteuert von außen bzw. von oben (in hierarchisch organisierten Unternehmen) mit dem Ziel, ein ganz bestimmtes Verhalten im Team hervorzurufen, ist unter verschiedenen Umständen zwar möglich und wird von vielen Leitern auch praktiziert, hat aber enorme Nachteile hinsichtlich der dynamisch-flexiblen Herausbildung ressourcenadäquater Lern- und Anpassungsleistungen. Die Graphik (Abb.12) soll einen Überblick über die Nachteile einer hohen Fremdsteuerung verdeutlichen.

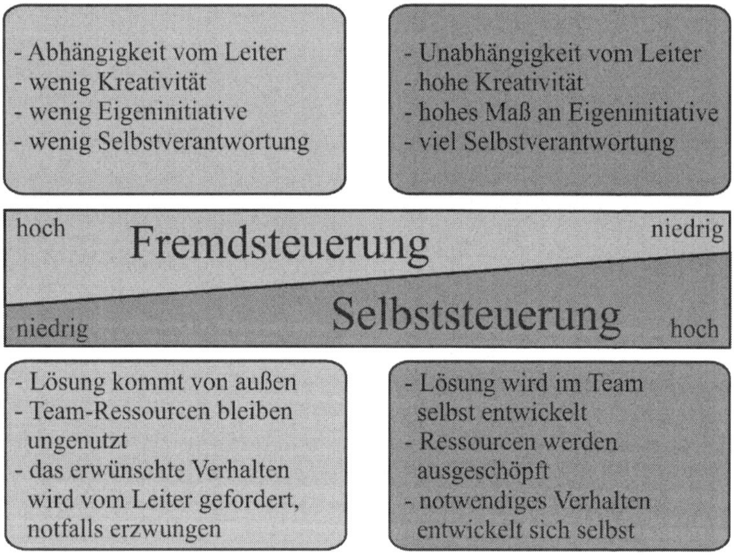

Abb. 12 Fremd- und Selbststeuerung

So bleiben tatsächlich vorhandene Ressourcen des Teams, die eine Herausbildung systemadäquater und den Umwelterfordernissen entsprechende Fertigkeiten ermöglichen, unausgeschöpft. Außerdem wird das Team über kurz oder lang abhängig vom Leiter bzw. von dessen Vorgaben. Es verlernt, eigene Lösungen zu entwickeln und sich situativ neuen Gegebenheiten durch die Herausbildung adäquater Kompetenzen anzupassen. Ein so geführtes Team wartet ab, wie sich der Leiter positioniert und schließt sich dann dessen Haltung an. Leiterdominierte Teams verlieren ihre Autonomie. Der Verlust von individueller und kollektiver Souveränität verhindert die berufliche Selbstverwirklichung und senkt auf Dauer die Motivation. Zudem wird die Abhängigkeit vom Leiter weniger mit Respekt als mit der Angst der Kollegen vor Abwertung oder beruflicher Frustration bezahlt. Ein Klima, das die Leistungsbereitschaft senkt und Kollegen auf Dauer durchaus krank machen kann. Selbstlernende Teams benötigen eher eine autopoiesezentrierte Leitung (Natho, 2004, S.32f) als Korrektiv und zur Stimulation von Selbstlernprozessen.

Ziele von Teamentwicklung

Wenn Teams als sich selbst steuernde Systeme verstanden werden, wie das schon vielfach beschrieben wurde, wozu braucht es dann noch von außen angeregte Teamentwicklung? In welche Richtung soll es bewegt werden? Teamentwicklung findet ständig statt und kann als Anpassungsleistung eines sozialen Systems auf Störungen von der Außenwelt betrachtet werden. Teamentwicklung in dem hier beschriebenen Zusammenhang ist jedoch ein gezieltes Stören und auf die Frage nach dem Ziel von Teamentwicklung gibt es die unterschiedlichsten Antworten. Die einen nennen die allumfassende Kompetenz, nützliche situationsbezogene Entwicklungsschritte einzuleiten, Systemkompetenz (Manteufel & Schiepek, 1998, S.191ff) und unterstreichen deren Entwicklungswert. Andere favorisieren eher ganz spezielle Schlüsselkompetenzen, die die Selbstorganisation und damit den Selbstlernprozess unterstützen (z.B. Natho, 2004, S.58ff). Auch die Kompetenz von Teams, sich bei der Selbstorganisation von einer Metaebene aus selbst zu beobachten und daraus sinnvolle Schlüsse für die eigene Weiterentwicklung zu ziehen, wird von Autoren, die das erfahrungsorientierte Lernen als Basis effektiver Selbstorganisation ansehen, als Entwicklungsziel beschrieben (Kriz & Nöbauer, 2002, S.67ff).

Die Ziele von Teamentwicklung unter dem Aspekt der Selbstorganisation zu beschreiben, ist äußerst schwierig. Die meisten Autoren konstruieren ziemlich komplizierte Modelle, um dem Leser zu verdeutlichen, dass das postulierte Unmögliche dennoch möglich und Einflussnahme sinnvoll ist. Doch bei genauerer Betrachtung haben alle Erklärungsmodelle eine Gemeinsamkeit. Sie setzen mehr oder weniger auf die Störung als Entwicklungsimpuls. Dabei spielt ein Faktor eine besondere Rolle. Um wirksam zu stören, muss der Entwicklungsimpuls angemessen sein, das heißt, er muss für das Team eine veränderungsrelevante Bedeutung haben und er muss eine bereits im Team vorhandene Ressource oder Entwicklungstendenz nutzen bzw. anstoßen. Das Ergebnis ist nicht eindeutig vorhersagbar und entwickelt sich dann in systeminternen rekursiven Prozessen, die wiederum nur sehr begrenzt beeinflussbar sind. Eine grundlegende Fähigkeit lebender Systeme ist deren Störbarkeit im oben beschriebenen Sinne.

Teamentwicklung als Instrument von Innovationspflege und Unternehmensberatung hat zum Ziel, verschiedene Kompetenzen des Teams bzw. der Zusammenarbeit zu stärken bzw. auszubilden. In selbstlernenden Teams sind das vor allem Kompetenzen, die eine optimale Selbststeuerung ermöglichen. Es geht dabei darum, aktuelle im Arbeitsprozess auftauchende Blockaden und Probleme zu lösen. Hierbei versteht sich das Team als ein Teil des auftauchenden Problems und überprüft eigene Verhaltensweisen, Kommunikationsmuster und Lösungsstrategien auf ihre Eignung hinsichtlich der Lösung des Problems hin.

Ein Idealteam, das über bestimmte feste Kompetenzen verfügt, die es gegenüber anderen Teams auszeichnet, gibt es nicht und ist unter dem Aspekt der Selbstorganisation auch nicht erstrebenswert. Welche Qualitäten und Fähigkeiten gebraucht werden, ist in hohem Maße situationsabhängig.

Arbeitsablauf

Generell ist die Handhabung der Skalierungsscheibe im Rahmen der Teamentwicklung einfach. Doch auch hier zeigt sich, dass sie kein Steuerinstrument im mechanistischen Verständnis ist, sondern eben eher als

Intervention verstanden werden soll, die in verschiedene Bereiche des Teams Entwicklungsimpulse einstreut und sichtbare wie verborgene Potentiale des Teams aktiviert. Die Arbeit mit der Skalierungsscheibe führt zu einer intensiven kommunikativen Auseinandersetzung im Team und es braucht auf jeden Fall einen Leiter, der sich als Moderator oder Gesprächsführer versteht. Darüber hinaus sollten der Einsatz und die Durchführung didaktisch geplant werden. Für die Durchführung sind die gleichen drei Arbeitsschritte bzw. Arbeitsmodule zu empfehlen wie beim Einsatz der Skalierungsscheibe im Rahmen von Problemlösung (Abb.13).

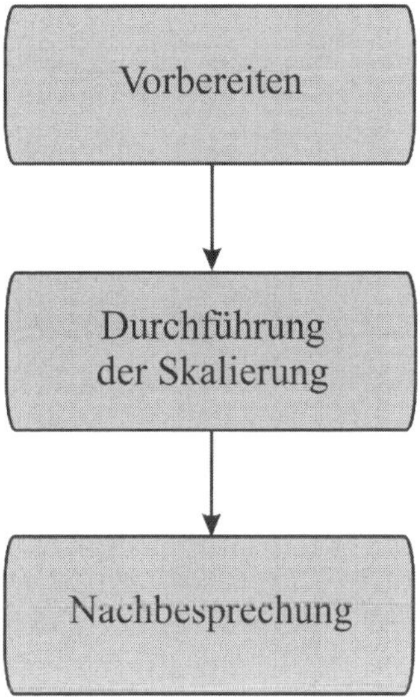

Abb. 13 Arbeitsmodule Anwendung Teamentwicklung

Vorbereitung

Die Anwendung der Skalierungsscheibe im Rahmen der Teamentwicklung sollte bedarfsorientiert erfolgen. Das heißt, die Methode ist kein Spiel, das langweiligen Teamtagen zu etwas mehr Spannung verhelfen soll, sondern sie steht im Dienste eines Arbeitsziels oder der Reflexion eines für den Arbeitsprozess relevanten Themas bzw. Anliegens. Fällt beispielsweise auf, dass das Team nur schwer Entscheidungen treffen kann, dann kann es für die Teamentwicklung von Bedeutung sein, dieses Thema zu bearbeiten, um vielleicht die Ressourcen aufzuspüren und Entwicklungsimpulse einzustreuen, die zukünftige Entscheidungsprozesse vereinfachen. Manchmal kann auch der Leiter, der einen bestimmten Reflexionsbedarf erkennt, die Anwendung der Skalierungsscheibe vorschlagen, um Haltungen und Positionen im Team bezogen auf das Thema transparent zu machen. Kommt die Idee zur Anwendung vom Leiter, sollte er auf jeden Fall den Nutzen von Unterschieden aber auch Übereinstimmungen für das Team plausibel machen. Auch hier gilt, angemessen zu stören, um im Team keine unnötigen Widerstände aufzubauen.

Steht ein Arbeitsthema fest, z.B. „Konflikte im Team", gibt es für Leiter und Team hinsichtlich der Auswahl der zu skalierenden Aussagen zwei Möglichkeiten (Abb.14). Das Handbuch hält Skalierungsblätter zu Standardthemen bereit, hier kann ein komplettes Skalierungsblatt mit einem festgelegten Aussagenkomplex ausgewählt werden oder es werden nur einzelne Aussagen herausgenommen, die dann in das Skalierungsblatt B - Teamentwicklung (siehe S.122) eingetragen werden. Lässt sich kein geeigneter thematischer Skalierungsbogen finden oder lassen sich keine Aussagen aus den Standardthemenkomplexen entnehmen, werden eigene Aussagen zum Thema im Team oder vom Leiter gebildet und in das eben erwähnte Skalierungsblatt eingetragen. Dieses wird entsprechend der Anzahl der Teammitglieder vervielfältigt.

Hilfreich für die Ermittlung eigener bzw. neuer Skalierungsaussagen kann die Frage sein, welche Dynamiken und Standpunkte im Team unter dem jeweiligen thematischen Aspekt bedeutsam sind. Sie können als Aussagen oder auch als Fragen formuliert werden.

Beispiel: In einem Team gibt es Unzufriedenheit darüber, dass Kollegen den Sinn und den Nutzen von Weiterbildungen ganz unterschiedlich bewerten. So geschieht es, dass einige oft Weiterbildungen besuchen, während andere sie eher ablehnen. In einem solchen Fall kann es interessant sein, die unterschiedlichen Standpunkte zu erörtern. Mögliche

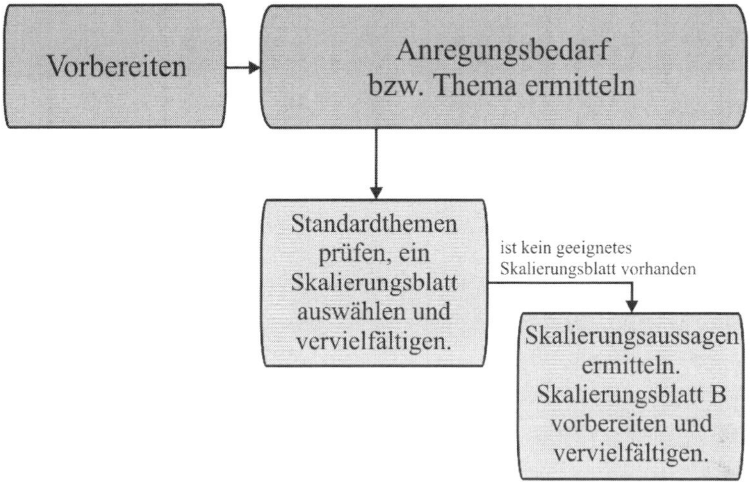

Abb. 14 Arbeitsmodul Vorbereiten möglicher Schritte

Aussagen könnten beispielsweise lauten: *„Weiterbildung ist eher etwas für Kollegen, denen noch fachliches Rüstzeug fehlt“* oder *„Weiterbildung ist eher etwas für jüngere (ältere) Kollegen“*, *„Für meinen Arbeitsbereich gibt es keine guten Weiterbildungen“*, *„Kollegen, die viele Weiterbildungen besuchen, weichen damit in gewisser Weise der eigentlichen Arbeit aus“* usw. Solche oder ähnliche Aussagen werden gesammelt und in das Skalierungsblatt B - Teamentwicklung (S.122) eingetragen.

Tipp: Die Aussagen sollten kurz und eindeutig sein. Sie sollten angemessen stören und nicht eine eindeutige Skalierungstendenz im Sinne einer sozialen Erwünschtheit vorwegnehmen. So ist ziemlich klar, welche Skalierungstendenz man im Team erhält, wenn die erste Beispielaussage folgendermaßen formuliert wäre: *„Weiterbildung ist nur etwas für Dumme.“* Diese Aussage würde mit Sicherheit nur eine sehr geringe Zustimmung erhalten. Denn wer würde schon, selbst wenn er tatsächlich einige Kollegen für dumm hält, dies öffentlich proklamieren?

Der Prozess, Skalierungsaussagen selbst zu ermitteln, ist im Rahmen von Teamentwicklung bereits ein relevantes Ereignis. Hier zeigt sich, wie sich das Team organisiert und welche Fähigkeiten im Zusammenhang mit der Generierung und Abstimmung von Skalierungsaussagen genutzt werden. Wie gelingt es beispielsweise den einzelnen Kollegen, ihre Interessen und Anliegen auszudrücken und sie miteinander abzustimmen? Welche Kommunikation ist zu beobachten? usw. Es handelt sich hier in aller Regel um einen Prozess, der moderiert werden sollte. Die Rolle des Moderators kann vom Leiter oder aber auch von einem Teammitglied übernommen werden. Dabei ist darauf zu achten, dass die für die Skalierung geeigneten Aussagen oder Fragen in diesem Zusammenhang noch nicht ausdiskutiert werden. Die Teammitglieder sollen ihre unterschiedlichen Standpunkte ja in der Einzelskalierung ohne vorherigen Abgleich ausdrücken. Kommt die Skalierungsscheibe erstmals zum Einsatz, ist es ratsamer, auf ein thematisches Standardskalierungsblatt zurückzugreifen. Die Kollegen lernen so die nützlichen Wirkprinzipien der Skalierung kennen und konzentrieren sich im späteren Skalierungsprozess genauer auf die Gegebenheiten und fachlichen Notwendigkeiten.

Zeitbedarf einplanen

Mit der Anzahl der Teammitglieder und der zu skalierenden Aussagen wächst auch der Zeitbedarf für die Skalierung und die Reflexion der einzelnen Skalierungsdurchläufe. Erfahrungen zeigen, dass es recht schwer ist, den Zeitbedarf vorher genau zu ermitteln. Es hängt unter anderem von der Brisanz des Themas bzw. der einzelnen Aussagen ab, aber auch davon, wie das Team miteinander kommuniziert und wie es dem Leiter oder Moderator gelingt, die sich in der Skalierung ergebenden Unterschiede und Übereinstimmungen nutzbringend zu interpretieren bzw. im Hinblick auf das gemeinsame Ziel entwicklungsanregende Fragen zu stellen.

Die durchschnittliche Teamgröße, mit der in der Erprobungsphase gearbeitet wurde, betrug sechs bis acht Personen. In aller Regel konnte dabei auf Standardskalierungsblätter zurückgegriffen werden, so entfiel eine lange Vorbereitungszeit. Finden Standardskalierungsblätter Anwendung, benötigt man für die Skalierung und Auswertung von neun Aussagen mit einem in Gruppenkommunikation erfahrenen Leiter oder Moderator etwa

90 bis 120 min. Werden die zu skalierenden Aussagen im Team selbst gesucht und formuliert, benötigt man abhängig von der Fähigkeit des Teams, sich zu entscheiden und auf den Punkt zu kommen, entsprechend mehr Zeit. Ist ein Team größer, muss außerdem noch mehr Zeit eingeplant oder die Anzahl der Aussagen reduziert werden.

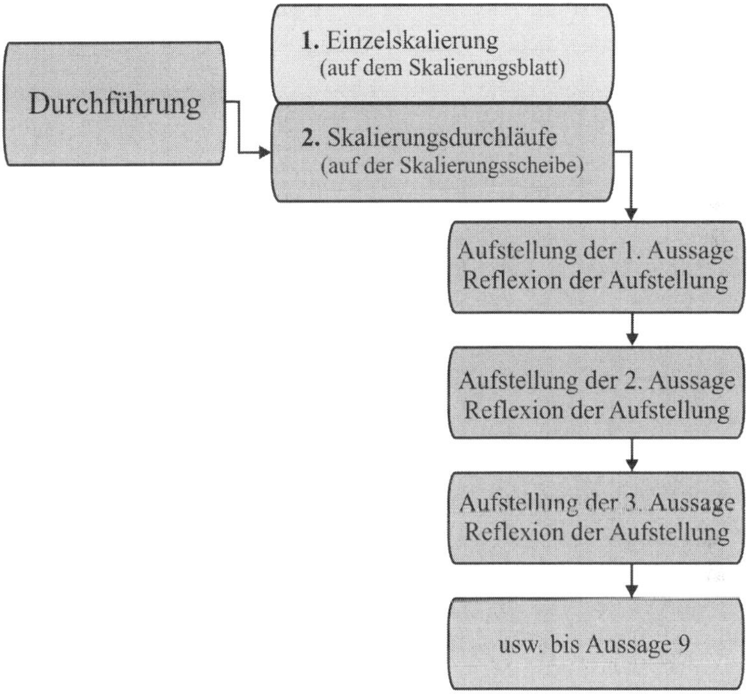

Abb. 15 Arbeitsmodul Durchführung - Skalierungsdurchläufe

Durchführung

Die eigentliche Skalierung findet im Modul Durchführung in zwei Arbeitsschritten statt. Wie schon im Rahmen der Problemlösung beschrieben, nimmt in einem ersten Arbeitsschritt jeder Kollege in einer Einzelarbeit seine persönliche Skalierung vor. Im Anschluss daran werden im zweiten Arbeitsschritt die Skalierungen auf der Scheibe vorgenommen. Dieser als Skalierungsdurchlauf bezeichnete Arbeitsschritt beinhaltet zwei Phasen: die Aufstellung und dann die Reflexion derselbigen. Der Skalierungsdurchlauf wird solange wiederholt, bis alle Aussagen des Skalierungsblattes aufgestellt und diskutiert wurden. (siehe Abb.15 S.83)

Die Reflexion, also das gemeinsame Gespräch über das Skalierungsbild kann als Herzstück dieses Arbeitsverfahrens verstanden werden und nimmt die meiste Zeit in Anspruch. Der Arbeitsprozess wurde auf S. 69 beschrieben. Aus diesem Grund sollen hier lediglich die Schwerpunkte dieses Arbeitsschrittes erwähnt werden.

- Reflexion der Gesamtskalierung auf der Metaebene
- Neuigkeiten und Überraschungen wahrnehmen
- Wahrnehmung der Unterschiede in der Skalierung
- Reflexion der zwei Seiten eines Skalierungswertes
- Erläuterung der einzelnen Positionen
- Diskussion von Neuigkeiten und deren Bedeutung für das Team bzw. für das Thema
- Erkennen von relevanten Entwicklungsimpulsen auf Grund signifikanter Unterschiede

Darüber hinaus kann es sinnvoll sein miteinander zu überlegen, welche Konsequenzen, Ziele und Verhaltensveränderungen im Team möglich bzw. erstrebenswert sind, um bezogen auf das Thema die gemeinsame Arbeit effektiver oder angenehmer zu gestalten.

Nachbesprechung

Zum Schluss werden der gesamte Arbeitsprozess und relevante Entwicklungsimpulse noch einmal zusammenfassend reflektiert.

Die Betrachtung des Arbeitsprozesses schafft die Möglichkeit, im Sinne des Arbeitszieles wirksame Verhaltensweisen der Kollegen während des Arbeitsprozesses zu fokussieren und somit zu verstärken. Wie ist die

Arbeit gelungen und welches Verhalten war bei den Kollegen zu beobachten? Welches Verhalten war für den Prozess eher nützlich und gewinnbringend, welches eher nicht? Welcher Schluss lässt sich daraus ziehen und welche Verhaltensveränderungen sind bezogen auf nachfolgende Skalierungsarbeiten erstrebenswert? Doch nicht nur der Veränderungsbedarf ist anzumerken, die Aufmerksamkeit soll auch auf das Verhalten gerichtet werden, das sich bewährt hat. Ziel ist, die Effizienz des Verfahrens bei einer nochmaligen Anwendung zu erhalten oder bei vorhandenem Spielraum zu erhöhen.

Dann gilt es noch, die thematischen Entwicklungsimpulse zu sichern und sich durch sie entsprechend anregen zu lassen. Welche Haltungen oder Positionen stellen eine Anregung dar und wie lassen sie sich weiterentwickeln? Welche Dynamiken, Sichtweisen und Fähigkeiten im Team lassen sich hierbei nutzen? Es gilt, Entwicklungsziele zu setzen und deren Umsetzung zu planen.

Hilfreiche Fragen in diesem Zusammenhang können sein:

- Welche Neuigkeiten haben Sie über sich und über andere Kollegen erfahren?
- Welche Bedeutung haben neue Erfahrungen für Sie, für Ihr Team?
- Welche Haltungen sehen Sie eher bestätigt, welche eher verunsichert?
- Angenommen, Sie würden einer Anregung folgen und diese umsetzen können, was würden Sie bzw. Ihr Team gewinnen können?
- Angenommen, es bliebe alles so wie es sich derzeit darstellt, welche Vor- oder Nachteile könnten sich daraus ergeben?
- Welche Anregung, Neuigkeit hat Sie besonders berührt?
- Gibt es noch eine Anregung, die Sie konkret noch einmal einem Kollegen mitteilen möchten?
- Welche Entwicklungsanregung ist für das gesamte Team interessant?
- Welches Ziel ergibt sich daraus?
- Welche Ideen hinsichtlich der Umsetzung von Entwicklungsanregungen gibt es im Team?
- Wie erreichen Sie Ihr Ziel gemeinsam? (Planung der Umsetzung)
- Wer macht was, wann, wo und mit wem?

Thematische Schwerpunkte

Skalierungsblatt 1 Nähe und Distanz

Nähe und Distanz sind sehr häufige Beschreibungen und Wahrnehmungen von Beziehungen in Teams. Trotzdem diese Begriffe von jedem Menschen mit sehr unterschiedlichen Bedeutungen verknüpft werden, eignen sie sich dennoch für die Klärung und die nähere Bestimmung von Beziehungsqualitäten. Es gibt in sozialen Systemen, die nicht über feste Beziehungszuschreibungen verfügen - wie beispielsweise Familien, in denen die Beziehung zwischen Eltern und Kindern genauer definiert ist -, ein großes Bedürfnis nach Beziehungseindeutigkeit. Werden Beziehungen als relativ klar und berechenbar erlebt bzw. wahrgenommen, wächst Vertrauen und Verlässlichkeit untereinander. Eine hundertprozentige Beziehungssicherheit gibt es in sozialen Systemen jedoch nicht. Auf Grund der ständigen Entwicklung im Team sind auch Beziehungen dem Wandel unterworfen. So ist es sehr sinnvoll, von Zeit zu Zeit diesem Thema im Rahmen von Teamentwicklung Aufmerksamkeit zu schenken.

Da die Begriffe Nähe und Distanz von den Kollegen in aller Regel unterschiedlich definiert werden, ist es in verschiedenen Teamsituationen hilfreich, die Bedeutung dieser Begriffe näher zu beschreiben bzw. auf einen bestimmten Aspekt hin einzuengen. Während für den einen eine Beziehungsbeschreibung auf der Achse Nähe und Distanz eher mit der Frage verknüpft ist, wie sympathisch ihm der andere ist, untersucht der nächste Kollege seine Wahrnehmung diesbezüglich aus einer sachlichen Perspektive und fragt sich, wie viel Arbeitszeit er mit jedem Einzelnen im Team gemeinsam verbringt. Diese beiden Bedeutungszuschreibungen, der Sympathieaspekt und der dienst-technische Aspekt, lassen sich nur schwer miteinander vergleichen.

Es sollte also überlegt werden, ob die Beziehungsbeschreibung Nähe-Distanz im Rahmen der Aufgabenstellung eher eine Einengung erfahren soll. So könnte eine konkretere Arbeitsanweisung beispielsweise lauten: „Überlegen Sie, wer im Team Ihnen von der beruflichen Einstellung her nahe steht oder eher nicht!“ Weitere Fokussierungen wären vorstellbar:

- Wer ist Ihnen von der Person, unabhängig von seiner Fachlichkeit, eher nahe oder fern?
- Wer ist Ihnen von seiner Art Probleme anzusprechen eher sympathisch oder eher nicht?
- Wenn Sie ein heikles berufliches Problem haben, wem vertrauen Sie sich eher an? Wer steht Ihnen da näher oder von wem würden Sie sich distanzieren? usw.

Eine große Nähe muss jedoch nicht immer positiv konnotiert sein. Da wo zwei Kollegen sich sehr nahe sind, ist für Dritte oft kein Platz mehr. Abgrenzung ist in vielen Arbeitszusammenhängen ebenso wichtig wie Nähe. Darum sollte in der Reflexion immer auch danach gefragt werden, welche Wirkung die Nähe Einzelner miteinander auf die anderen im Team ausübt. Es geht in der Skalierung nicht darum, bestimmte Beziehungen festzuschreiben, sondern darum, die Auswirkung auf andere zu reflektieren.

Anmerkung zur Vorgehensweise

Die Durchführung weicht etwas von der bereits beschriebenen Form ab. Die zu skalierenden Aussagen bilden hier quasi die Kollegen selbst. Jeder Kollege erhält das Skalierungsblatt 1 und trägt die Namen der anderen Teammitglieder links in die dafür vorgesehene Spalte untereinander ein (Tab.2). Dann nimmt er in der Einzelarbeit die Skalierung vor.

Kollege/in	**Skalierung** Nähe … Distanz
Frau Schmidt	7 6 5 4 3 2 1 (3 angekreuzt)
Herr Kohl	7 6 5 4 3 2 1 (6 angekreuzt)
Frau Brandt	7 6 5 4 3 2 1 (1 angekreuzt)

Tab. 2 Beispiel Einzelskalierung Nähe - Distanz

Es folgen die Skalierungsdurchläufe. Hierbei kann sich der betreffende Kollege mit seiner Figur in die Mitte der Skalierungsscheibe stellen. Dann wird die Nähe und Distanz zu ihm auch optisch sichtbar. Mit jedem Skalierungsdurchlauf steht so ein anderer Kollege im Mittelpunkt.

Erfahrungsgemäß sorgt die Skalierung von Nähe und Distanz im Team für einige Überraschungen. Gemeinsam kann über die Konsequenzen der unterschiedlichen Wahrnehmungen und Beziehungsdeutungen nachgedacht werden. Darüber hinaus lassen sich auch noch soziometrische Reihenfolgen bilden. Wer hat beispielsweise insgesamt die meisten Punkte, wer ist der Star im Team mit den meisten Nähe-Werten und wer wird eher gemieden (wenige Nähe-Punkte)? Wie geht es den Kollegen im Team mit den von anderen dargestellten Beziehungspräferenzen? Wo sind sie überfordert, unterfordert und welche Auswirkungen hat dies auf die Zusammenarbeit im Team?

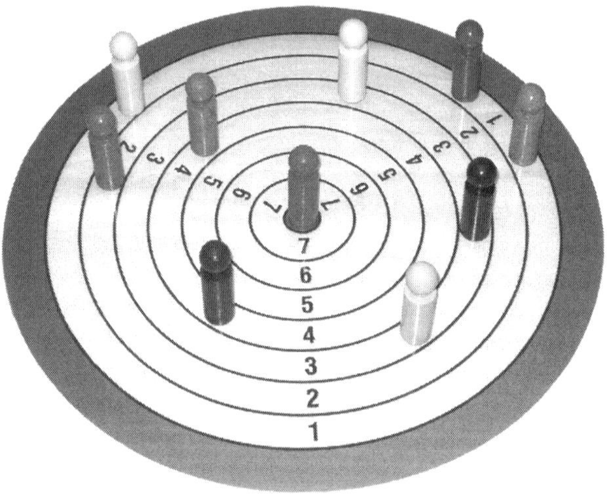

Abb. 16 ein Kollege steht im Mittelpunkt

Tipp: Gibt es mehr als zehn Kollegen im Team, müssen der Tabelle auf dem Skalierungsblatt Zeilen angefügt werden. Notfalls müssen zwei Blätter ausgegeben werden. Doch Achtung, die Reflexion von Nähe und Distanz im Team enthält in aller Regel viel Gesprächsstoff. Das heißt auch, gerade hier genügend Zeit einzuplanen, so dass alle im Team zum Zuge kommen und auch die kleinen Unterschiede in der Aufstellung reflektiert werden können. Ein Team von neun Personen benötigt für diese Arbeit mindestens 90 min. Dann hat es, rechnet man die Zeit der Einzelarbeit für die individuelle Skalierung ab, für die Reflexion eines jeden Mitgliedes vielleicht acht bis neun Minuten. Ist das Thema für die Teamentwicklung von besonderer Bedeutung, sollte unbedingt mehr Zeit eingeplant werden.

Variationsmöglichkeiten

Neben der Analyse von Wahrnehmungen und Interpretation von Beziehungen im Team lassen sich auch andere Beziehungskontexte des Teams genauer untersuchen.

Beziehungsanalyse zum Kunden: In diesem Fall werden die verschiedenen Kunden in die dafür vorgesehene Spalte eingetragen. Die Kunden sollten ebenfalls konkret mit Namen benannt werden. Allgemeine Angaben sind unter dem Aspekt der Konkretion und der Unterschiedsbildung wenig sinnvoll. Der Kunde ist in der Regel immer ein Mensch mit konkreten Eigenschaften und Verhaltensweisen, die auf die Beziehungsgestaltung Einfluss haben.

Beziehungsanalyse zum Klienten: Es gibt Teams, die mit Klienten, Mandanten oder Patienten arbeiten. Auch hier kann es unter dem Aspekt Entwicklungsanregungen zu schaffen hoch interessant sein, die Beziehungen unter die Lupe zu nehmen. Die einzelnen Klienten werden in die rechte Spalte des Skalierungsblattes eingetragen und unter Vorgabe eines bestimmten Fokus skaliert jedes Teammitglied Nähe und Distanz. Anschließend werden in den einzelnen Skalierungsdurchläufen die unterschiedlichen Positionen diskutiert.

Skalierungsblatt 1

Teammitglied: .... Datum: ....

Nähe - Distanz unter dem Aspekt: ....

....

Kollege / Kunde / Klient	Skalierung Nähe Distanz
1	7 6 5 4 3 2 1
2	7 6 5 4 3 2 1
3	7 6 5 4 3 2 1
4	7 6 5 4 3 2 1
5	7 6 5 4 3 2 1
6	7 6 5 4 3 2 1
7	7 6 5 4 3 2 1
8	7 6 5 4 3 2 1
9	7 6 5 4 3 2 1

Anmerkungen:

Gesprächsnotizen:

Skalierungsblatt 2 Allgemeine Fragen

In der Durchführung dieser Skalierungsübung lassen sich die unterschiedlichen Wahrnehmungen zu einigen, die Dynamik im Team bestimmenden Faktoren miteinander vergleichen und interpretieren. Es handelt sich dabei um relativ einfache Beziehungswirklichkeiten, die in der Regel für jedes Teammitglied gut nachvollziehbar sind und in der alltäglichen Beziehungsdefinition auch eine größere Rolle spielen.

Insgesamt charakterisieren die Einschätzungen zu den Fragen dieses Skalierungsblattes auch das Klima im Team. Sie sind nützlich zur Eruierung von offiziellen und inoffiziellen Regeln und Gewohnheiten. So spiegeln die skalierten Werte zu Frage 1 in gewisser Weise auch allgemeine Normen hinsichtlich des Konfliktverhaltens im Team wieder. Sind Konflikte eher erwünscht oder nicht? Welche Bedeutung wird ihnen zugeschrieben? Werden sie gleichgesetzt mit gegenseitig verletzendem Verhalten oder sind sie wertvolle Impulse für Veränderungen? Solche Informationen lassen sich natürlich nicht direkt aus dem Skalierungswert oder der Summe von Werten ableiten, sondern sind in der Reflexion zu jeder Frage miteinander zu erarbeiten. So sagt auch ein hoher oder tiefer Skalenwert letztlich nichts über die Qualität des Teams in diesem Zusammenhang aus. Die entscheidende Frage, die in der Reflexionsphase diskutiert werden muss, ist die vermutete oder beobachtete Wirkung der Phänomene, die zur Festlegung eines bestimmten Skalierungswertes geführt haben. Gleiches gilt natürlich auch für die Skalierung der weiteren Aussagen. Die Fehlerfreundlichkeit ist eine wichtige Haltung im Team. Sind Fehler erwünscht, können diese auch produktiv genutzt werden. Das ist sinnvoll, da Fehlerfeindlichkeit nicht automatisch dazu führt, Fehler zu vermeiden. Das Gegenteil ist sogar oft der Fall. Die Angst davor, einen Fehler zu bege-

1. Konfliktbereitschaft
2. Fehlerfreundlichkeit
3. Wir-Gefühl bzw. innere Kohäsion
4. Orientierung bei Entscheidungen
5. Meinungsvielfalt
6. Loyalität gegenüber dem Unternehmen
7. Bereitschaft Kritik zu äußern
8. Wertschätzung
9. Flexibilität

hen, führt sehr häufig zu einer höheren Fehlerquote, weil die Kollegen in ihren tatsächlichen Fähigkeiten verunsichert werden.

Die Frage zum Wir-Gefühl soll helfen, die Verhaltensweisen der Kollegen unter dem Blickwinkel des inneren Zusammenhalts zu reflektieren. Eine Vertiefung dieses Themas ist mit dem extra dafür entwickelten Skalierungsblatt 9 möglich. Auch die vierte Frage, wie stark sich das Team bei der Entscheidungsfindung an den Vorgaben des Leiters orientiert, kann für viele Arbeitszusammenhänge interessant sein. Hier wird das Thema „Selbstständig arbeiten und entscheiden“ diskutierbar. Aber auch der Leiter kann in diesem Zusammenhang prüfen, inwieweit er die Selbstständigkeit im Team fördert oder blockiert. Die nächste Frage fokussiert den Grad der fachlichen und persönlichen Übereinstimmung. Meinungs- und Ideenvielfalt ist für Teams wichtig, die zur Lösung ihrer Arbeitsaufgaben Kreativität und variantenreiche Lösungsoptionen benötigen. Der Ideenreichtum sollte dabei durch mehrere Kollegen realisiert werden, das erhöht die Vernetzungsvarianten. Hat nur ein Mitarbeiter viele Ideen, so wird dieser in aller Regel zur Kreativitäts-Lokomotive im Team, die sehr schnell ermüdet, umso mehr Kollegen sie mitschleppen muss. Doch eine besonders hohe Vielfalt an Positionen erschwert hingegen auf Konsensbildung basierende Entscheidungsprozesse. Die Frage nach der wahrgenommenen Loyalität, also nach dem Vertrauen und der Treue der Mitarbeiter gegenüber ihrem Unternehmen kann gerade in Zeiten betrieblicher Umstrukturierung oder in Krisensituationen interessant sein. Mitarbeiter, die ihrem Unternehmen vertrauen, zeigen sich in der Regel im Rahmen von Strukturveränderungen kooperativer. Die nächste Frage zielt auf die Bereitschaft und Fähigkeit der Kollegen einander kritisch zu begegnen. Generell lässt sich Kritik als Entwicklungsanregung verstehen und ist daher für das Team wichtig. Wird sie jedoch eher vermieden, so kann das ein Indiz dafür sein, dass Kollegen befürchten, ihre Kritik könne andere kränken oder verletzen. Hier sollte in der Reflexion im gegenseitigen Feedback überprüft werden, welche Formen der Kritik produktiv oder destruktiv wirken. Die Kollegen schulen ihre Aufmerksamkeit für tatsächliche Befindlichkeiten im Team und lernen ihre Kritik so zu formulieren, dass sie anschlussfähige, auf die jeweilige Person zugeschnittene produktive Kritiken äußern können. Eine weitere Frage beschäftigt sich mit der gegenseitigen Wertschätzung im Team. Auch hier spielen individuelle Befindlichkeiten eine große Rolle, ob und vor allem wie ein Lob oder eine Anerkennung ausgesprochen wird und ob dies für den Kollegen annehmbar ist. Die Formulierung von Anerkennung und Kritik bedarf einer gewissen Feinfühligkeit für die psychische Situation eines jeden Empfängers. Diese wird in der Reflexion gleichsam trainiert. Die letzte Frage zielt auf die Flexibilität eines Teams, Veränderungen zuzulassen bzw. sich einzustellen und zu verändern. Eine hohe Flexibilität ist jedoch nicht gleichzusetzen mit Fortschritt und Innovation. Für die Anregung von tragbaren Entwicklungsprozessen benötigt das Team auch Stabilität und Kontinuität. Das Team muss im Gespräch prüfen, ob das Maß an Flexibilität und Beständigkeit geeignet ist, die anstehenden Arbeitsprozesse und Probleme zu meistern. Gemeinsam kann darüber nachgedacht werden, wie Beständigkeit oder Flexibilität im Team gefördert werden kann.

Tipp: Gelegentlich kommt es vor, dass Kollegen während der Einzelskalierung auf dem Skalierungsblatt Verständnisfragen zu einigen Punkten äußern: *„Was ist gemeint mit Wir-Gefühl?"* Die Fragen sind unterschiedlich motiviert. Einige Kollegen befürchten etwas falsch zu machen, andere wiederum wollen ein Gespräch darüber anregen, wie unterschiedlich die Fragen ja zu verstehen sind. Generell sollte der Anwender hier eine Haltung suggerieren, die es jedem Kollegen erlaubt, Aussagen unterschiedlich zu interpretieren und dass es kein Richtig und kein Falsch bei der individuellen Skalierung gibt. Der Anwender sollte bei Rückfragen in dieser Phase möglichst kurze und klare Antworten geben, z.B.: *„Das Wir-Gefühl ist ein Gespür dafür, wie groß der Zusammenhalt zwischen den Kollegen im Team ist."* Also kurze Verständnisanregungen einstreuen. Möglichst mit dem Hinweis verknüpft: *„Definieren Sie sich den Begriff selbst. Später werden wir über die unterschiedlichen Interpretationen diskutieren."*

Skalierungsblatt 2

Teammitglied: .... Datum: ....

Aussage	Skalierung hoch/stark — niedrig/schwach
1 Wie hoch schätzen Sie die Konfliktbereitschaft Ihres Teams ein?	7 6 5 4 3 2 1
2 Wie hoch schätzen Sie die Fehlerfreundlichkeit in Ihrem Team ein?	7 6 5 4 3 2 1
3 Wie hoch schätzen Sie das Wir-Gefühl in Ihrem Team ein?	7 6 5 4 3 2 1
4 Wie stark ist Ihr Team in seinen Entscheidungen auf die Leitung angewiesen?	7 6 5 4 3 2 1
5 Wie hoch, wie groß schätzen Sie die Meinungsvielfalt in Ihrem Team ein?	7 6 5 4 3 2 1
6 Wie hoch schätzen Sie die Loyalität des Teams gegenüber dem Unternehmen ein?	7 6 5 4 3 2 1
7 Wie hoch ist die Fähigkeit und die Bereitschaft im Team einander Kritik zu äußern?	7 6 5 4 3 2 1
8 Wie stark ist die Fähigkeit der gegenseitigen Wertschätzung im Team ausgeprägt?	7 6 5 4 3 2 1
9 Wie hoch schätzen Sie die Flexibilität des Teams ein bzw. die Fähigkeit, sich auf Veränderungen einzulassen?	7 6 5 4 3 2 1

Anmerkungen:

Gesprächsnotizen:

Skalierungsblatt 3 Lernen im Team

Im Team miteinander und voneinander lernen

Die Entwicklungsfähigkeit eines Teams hängt unter anderem von der Fähigkeit der Kollegen ab, miteinander und voneinander zu lernen. Diese Fähigkeit kann durch eine Methodik und Didaktik unterstützt werden, die darauf abzielt, die tatsächlich vorhandenen Informationen, wie beispielsweise spezielles Fachwissen und die unterschiedlichen Praxiserfahrungen neu miteinander zu vernetzen bzw. neue Verknüpfungsmöglichkeiten für derartige interne Informationen zu schaffen. So bildet sich neues Wissen als Resultat der Selbstschöpfung.

Dieser Lernprozess benötigt einen experimentellen Raum, in dem es erlaubt ist, noch unvollendete Gedanken und Lösungen als Basis für Experimente zu verwenden. Einen Raum, in dem lebendiges Lernen in Form von Ausprobieren möglich ist und der sich insbesondere durch eine hohe Fehlerfreundlichkeit bei gleichzeitiger Kritikfähigkeit auszeichnet. Beide Kompetenzen begünstigen einander.

Die Fähigkeit, Kritik anzunehmen, steigt in der Regel mit der Fehlerfreundlichkeit im Team und umgekehrt. Sind in einem Team Fehler als Grundlage für Lernerfahrungen bzw. als Ausgangspunkt für neue Lernschritte erwünscht, fällt es den Kollegen leichter, zu eigenen Fehlern zu stehen bzw. sich gegenseitig darauf aufmerksam zu machen. Werden dagegen Fehler negativ gedeutet oder als Störung verstanden und muss man sogar befürchten, dafür bestraft oder verspottet zu werden, sinkt die Kritikfähigkeit auch bei bestem Selbstbewusstsein enorm. Die Angst, Fehler zu machen, verhindert diese jedoch nicht. Oft kann das Gegenteil beobachtet werden. Ängstliche Kollegen begehen öfter Fehler. Sie können diese aber nur schwer für eine Lernerfahrung nutzen und anderen zur Verfügung stellen, weil sie aus Angst, fachlich abgewertet zu werden, nicht zu ihren Fehlern stehen können. Erfahren sie dann Kritik, fallen ihnen viele Ausreden ein, warum sie nichts dafür können.

Dieses Skalierungsblatt bietet eine Möglichkeit, die Atmosphäre hinsichtlich der Aspekte Kritik und Fehlerfreundlichkeit im Team aufzuspüren sowie der Frage nachzugehen, welche Chancen Fehler und Kritik für das Miteinander-Lernen bieten. Erfahren Fehler Wertschätzung oder sind sie lediglich Anlass für vernichtende Kritik?

Die Aussagen sind austauschbar und lassen sich bei Bedarf auf die Sprache im Team sowie auf aktuelle Anlässe hin abstimmen. Um eine unvoreingenommene Bewertung der Aussagen im Team zu begünstigen, sollten im Vorfeld die oben dargestellten Aspekte zur Wirkung von Kritik und Fehlerfreundlichkeit nicht explizit eingeführt werden. Die Kollegen sollen auf Grund ihrer Wahrnehmung und Bewertung von Ereignissen im Team spontan die Aussagen skalieren. Der Leiter oder Moderator sollte deshalb vorab keine Zielwerte suggerieren. Dies gilt natürlich auch für die nachfolgenden Skalierungsblätter.

Die Vorgehensweise ist hier analog der, wie sie bereits im Rahmen des Abschnitts Durchführung beschrieben wurde (vgl. S.83ff).

Skalierungsblatt 3

Teammitglied: .... Datum: ....

Aussage	hoch Zustimmung — **Skalierung** — niedrig Ablehnung
1 Die meisten Fehler lassen sich ignorieren.	7 6 5 4 3 2 1
2 Ich gestehe mir selbst Fehler bei der Arbeit zu.	7 6 5 4 3 2 1
3 Ich lerne viel aus meinen eigenen Fehlern.	7 6 5 4 3 2 1
4 Mein Leiter erwartet, dass sämtliche Arbeitsaufgaben immer richtig und korrekt erledigt werden.	7 6 5 4 3 2 1
5 Ich lasse mich gern von Kollegen auf meine Fehler aufmerksam machen.	7 6 5 4 3 2 1
6 Meine Ideen und fachlichen Ratschläge sind im Team nicht gefragt.	7 6 5 4 3 2 1
7 Einzelne im Team trauen sich ihre Meinung zu sagen.	7 6 5 4 3 2 1
8 Ich vermeide es unbedingt, Fehler zu machen.	7 6 5 4 3 2 1
9 Die Angst, Fehler zu machen bremst einige im Team	7 6 5 4 3 2 1

Anmerkungen:

Gesprächsnotizen:

Skalierungsblatt 4 Verdeckte Konflikte

Trotz vieler unangenehmer Gefühle, die Betroffene dabei erleben, ist der Konflikt einer der wichtigsten Entwicklungsfaktoren in sozialen Systemen. Konflikte sind wichtige Indikatoren für Kreativität, Produktivität und für Ordnungsumbrüche im Team. Eine Voraussetzung ist jedoch, dass sie konstruktiv für den Arbeitsprozess und in diesem Fall für die Teamentwicklung genutzt werden.

Fehlt dem Team oder einzelnen Kollegen der Schutz und das Vertrauen in die Nützlichkeit von ausgetragenen Konflikten oder müssen Kollegen Angst haben, dass sie im Konflikt die Verlierer sind und entsprechende Konsequenzen zu tragen haben, entsteht ein Klima, das dazu führt, dass der Konflikt eher vermieden und daher verdeckt ausgetragen wird. Verdeckte Konflikte sind Spannungen und Auseinandersetzungen im Team, die nicht offen und direkt miteinander ausgehandelt werden. Sie schwelen unter der offiziellen Kommunikationsoberfläche und können daher nicht nutzbringend umgesetzt werden.

Das verdeckte Ausagieren, das meist über längere Zeiträume anhält, bindet enorm viel Energie, die dem Team an anderer Stelle fehlt. Außerdem haben verdeckte Konflikte Einfluss auf den Kommunikationsfluss im Team. Wer wann über wen was sagt und in welcher Form informiert wird, hängt im Wesentlichen von der Beziehungsdynamik ab. Da verdeckte Konflikte oft auch über andere, vom Konflikt nicht direkt betroffene Kollegen umgeleitet werden und da es in diesem Zusammenhang vermehrt zu einseitigen Koalitionen und zu Cliquenbildung kommt, wird der Informationsfluss zum Vor- oder Nachteil für bestimmte Kollegen beeinflusst.

Verschiedene Verhaltensweisen im Team lassen auf einen verdeckten Konflikt schließen. Die Aussagen 1 bis 8 beschreiben typische Interaktionen im Team bei verdeckten Konflikten, während die letzte Aussage zu einer allgemeinen Einschätzung der Situation im Team unter dem Fokus der Aussagen 1 bis 8 einlädt. Mit der Skalierung dieser Aussagen wird die Sensibilität für Interaktionen, die auf verdeckte Konflikte deuten, erhöht. So lassen sich bei Bedarf unterschwellige Konflikte eher ansprechen und für die Teamentwicklung nutzen.

Skalierungsblatt 4

Teammitglied:.. Datum:....................................

Aussage	hoch Zustimmung **Skalierung** niedrig Ablehnung
1 Der Umgang miteinander und die Gespräche im Team sind nicht sehr vertrauensvoll.	7 6 5 4 3 2 1
2 Es fällt uns schwer, uns auf gemeinsame Pläne und Vorgehensweisen zu einigen.	7 6 5 4 3 2 1
3 In Diskussionen werden Argumente häufig mit großer Heftigkeit vorgetragen.	7 6 5 4 3 2 1
4 In Gesprächen fallen sich einige Teammitglieder häufig gegenseitig ins Wort bzw. lassen andere nicht ausreden.	7 6 5 4 3 2 1
5 In Gesprächen gehen Teammitglieder häufig ironisch oder zynisch miteinander um.	7 6 5 4 3 2 1
6 Unterschiedliche Standpunkte werden nicht konstruktiv diskutiert.	7 6 5 4 3 2 1
7 Die Emotionen Ärger und Angst werden in unserem Team kaum eindeutig gezeigt.	7 6 5 4 3 2 1
8 Es gibt im Team heikle Themen, über die wir eher nicht reden können.	7 6 5 4 3 2 1
9 Wir sind ein Idealteam.	7 6 5 4 3 2 1

Anmerkungen:

Gesprächsnotizen:

Skalierungsblatt 5 Kommunikation

Für die Zusammenarbeit und deren stetige Weiterentwicklung im Team spielt die Kommunikation eine entscheidende Rolle. Jedes Team schafft sich eine eigene Gesprächskultur, die einen Rahmen bildet, in dem Informationen angeboten werden und die sich durch ganz spezielle kommunikative Gewohnheiten des Teams auszeichnet. So ist beispielsweise die Art und Weise, mit Emotionen umzugehen oder die Form, Probleme zu beschreiben oder über Lösungen zu reden, im Team normiert und ritualisiert und dadurch in gewisser Weise konstant. Die Vor- und Nachteile dieses Phänomens liegen dicht beieinander. Einerseits schaffen solche Gewohnheiten und internen Gesprächsrituale einen vertrauten Umgang miteinander, andererseits jedoch werden diese deshalb als gegeben hingenommen und deren Bedeutung für die Schaffung von Problemen und für die Verhinderung von Lösungen nur selten unter die Lupe genommen. Aus der systemischen Therapie weiß man, dass der Kommunikationsstil einer Familie oder eines Ehepaares bedeutsamer Bestandteil ihres Problems ist und die Lösung verhindert. So kann es für Teams eine besondere Entwicklungsanregung darstellen, die eigene Gesprächskultur gelegentlich in Frage zu stellen. Bei Störungen der Beziehungen im Team oder bei wachsender Unfähigkeit, Probleme und Aufgaben selbst zu lösen, ist es nützlich, einzelne Gewohnheiten und Kommunikationsrituale auf ihre Wirkung hin zu überprüfen.

Die Reflexion der Kommunikationskultur ist ein Aspekt, der in der Teamentwicklung Aufmerksamkeit verdient, ein anderer ist die spezielle Informationsdarbietung. Da Informationen nicht wie irrtümlich angenommen ausgetauscht werden, also nicht tatsächlich hin und her wechseln, ergibt sich dadurch auch nicht zwangsläufig eine Synthese bzw. eine Vernetzung von Informationen und damit eine Neubildung von Wissen. Ob und wie eine Information beim Kollegen ankommt, ob sie relevant für die Veränderung seiner Konstrukte und Handlungen ist, hängt von ihrer Anschlussfähigkeit in seiner inneren Landkarte ab. Eine entscheidende Frage für die Vernetzung von Fachwissen und Erfahrung ist daher, wie ein Kollege die Anschlussfähigkeit seiner Idee, seines Wissens in dafür bedeutsamen Prozessen, beispielsweise bei der Lösung einer schwierigen Aufgabe, erhöhen kann. Informationen können in diesem Sinne als Lernanregung, als Veränderungsreiz verstanden werden und es empfiehlt sich, um die Wirksamkeit der eigenen Intervention zu erhöhen, den Kommunikationspartner dort abzuholen, wo er sich befindet. Dies ist relativ einfach, mit etwas Empathie und ein wenig kommunikativem Geschick lässt sich leicht bei den Kollegen eine Ja-Haltung bzw. eine grundsätzliche Bereitschaft, die Information auf sich wirken zu lassen, erreichen und so die Anschlussfähigkeit einer Information erhöhen.

Das Skalierungsblatt nimmt beide der eben beschriebenen Aspekte der Kommunikation auf und schafft auf Grund der unterschiedlichen Wahrnehmungen und Interpretationen zu den einzelnen Aussagen, die durch die Übung erzeugt werden, hinreichend Diskussions- und Entwicklungsanreize. Es ermöglicht die Reflexion der Gesprächskultur sowie der individuellen Gesprächshaltung einzelner Kollegen. Die Aussagen im Skalierungsblatt erheben natürlich nicht den Anspruch auf Vollständigkeit und möglicherweise ist auch nicht jede Aussage zur Unterschiedsbildung in jedem Team geeignet. Deshalb werden im Folgenden noch einige weitere Aussagen aufgeführt, so dass der Anwender sich bei Bedarf ein modifiziertes Skalierungsblatt erstellen kann.

Weitere Aussagen zur Skalierung Kommunikation im Team

- Ich merke, ob meine Aussage bei meinen Kollegen ankommt oder nicht.
- Ich nehme öfter wahr, dass einige Kollegen mich nicht ernst nehmen.
- Manche Kollegen drücken sich nicht deutlich aus.
- Es gelingt mir in Gesprächen nur schwer, auf den Punkt zu kommen.
- Ich halte mich lange zurück, bevor ich etwas sage.
- Wir reden im Team sehr häufig um den heißen Brei herum.
- Einige Kollegen hören sich gerne reden.
- Ich muss nicht von allen im Team verstanden werden.
- Im Team reden wir häufig aneinander vorbei.
- In fachlichen Gesprächen kommen wir häufig vom Thema ab.
- Manchen Kollegen kann ich nicht lange zuhören. Sie ermüden mich.

Hinweis: In der Reflexion ist darauf zu achten, dass die skalierten Unterschiede und insbesondere die Personen, die der Skalierende bei Aussagen wie *„Einige Kollegen hören sich gerne reden"* vor Augen hatte, auch namentlich benannt werden. Anonyme oder allgemeine Aussagen sind als Entwicklungsanregung wenig wirksam. Im Rahmen des Skalierungsblattes sind jedoch einige Aussagen bewusst allgemeiner formuliert. Die Kollegen sollen zunächst behutsam an die Aussage herangeführt werden, um die Bereitschaft zu erhöhen, die in diesem Zusammenhang wahrgenommenen Phänomene gedanklich zu rekonstruieren und ihnen einen Wert beizumessen.

Skalierungsblatt 5

Teammitglied: .... Datum: ....

Aussage	hoch Zustimmung — **Skalierung** — niedrig Ablehnung
1 Mir gelingt es gut, meine Ideen und Meinungen auf den Punkt zu bringen.	7 6 5 4 3 2 1
2 Wenn mich Dinge ganz persönlich bewegen, spreche ich in der Ich-Form darüber.	7 6 5 4 3 2 1
3 Ich bin ein guter Zuhörer.	7 6 5 4 3 2 1
4 Wir sprechen im Team mehr über Probleme und Schwierigkeiten als über Erfolge und Ressourcen.	7 6 5 4 3 2 1
5 Es fällt dem Team schwer, bei Beratungen o.ä. beim Thema zu bleiben. Wir führen endlose Diskussionen.	7 6 5 4 3 2 1
6 In der Regel wird in der Man-Form oder Wir-Form diskutiert.	7 6 5 4 3 2 1
7 Ich rede im Team mehr als ich zuhöre.	7 6 5 4 3 2 1
8 Ich kann gut über meine Gefühle wie Angst, Ärger und Trauer sprechen.	7 6 5 4 3 2 1
9 Ich verallgemeinere gern und vermeide die Beschreibung konkreter Beispiele.	7 6 5 4 3 2 1

Anmerkungen:

Gesprächsnotizen:

Skalierungsblatt 6 Kooperation und Partizipation

Zu gegebener Zeit kann es wichtig sein zu überprüfen, wie die Zusammenarbeit im Team gelingt. Ein besonderes Augenmerk wird dabei auf die Partizipation eines jeden Kollegen am Arbeitsprozess und am Gesamtergebnis gerichtet.

In vielen, vor allem aber in stark rollenstrukturierten Teams, in denen jeder Mitarbeiter nur eine spezielle Aufgabe zu erledigen hat, der oftmals noch unterschiedliche Wertschätzung im Unternehmen zukommt, wächst die Unzufriedenheit bezogen auf das Verhältnis von Geben und Nehmen im Team. Das sieht dann oft so aus, dass einige die Macher sind, während sich andere im Laufe der Zeit zurücklehnen, ihre Wirksamkeit und Produktivität reduzieren und darauf warten, dass die Arbeit von anderen erledigt wird. Solche zurückhaltenden Kollegen sind jedoch nicht, wie oft angenommen wird, zufrieden, sondern sehr häufig frustriert, weil sie nur schwer zum Zuge kommen oder ihr Anteil weniger Achtung erfährt oder Bedeutung für das Gesamtergebnis hat. Aber auch bei den „Machern" wächst mit der Zeit die Unzufriedenheit, weil diese sich immer häufiger in der alles machenden bzw. entscheidenden Rolle sehen. Das heißt, sie glauben mehr zu geben als andere und demzufolge verdienen die zurückhaltenden Kollegen weniger Anerkennung. Diese wiederum sind neidisch oder ärgerlich auf die Kollegen, die sich immer in den Vordergrund spielen oder alles an sich reißen. Verfestigen sich die Bilder oder Rollen, wächst die Unzufriedenheit im Team und die Motivation sinkt.

Da Menschen, die in engeren sozialen Bindungen leben und die eng mit anderen zusammenarbeiten, generell bilanzieren, das heißt das, was sie in die soziale Beziehung investieren mit dem vergleichen, was sie am Ende zurückbekommen, ist es auch in der Teamarbeit von großer Bedeutung auf die Balance von Geben und Nehmen zu achten.

Geeignete Anlässe zur Bilanzierung ergeben sich in der Regel nach gemeinsam gelösten Aufgaben oder nach gestalteten Projekten, die offiziell als Ergebnis des gesamten Teams betrachtet werden. Hier bietet sich der Rückblick und damit die Arbeit mit dem vorliegenden Skalierungsblatt an.

Sie ist zugleich eine Art Feedback mit dem Fokus auf die individuell wahrgenommene Partizipation in der Zusammenarbeit.

Hinweis zur Reflexion

Die Vorgehensweise hinsichtlich der Übung gleicht der, die bereits mehrfach im Zusammenhang mit anderen Skalierungsthemen beschrieben wurde. Ziel der Reflexion kann sein, über die sich ergebenden Unterschiede nachzudenken. Welche Verhaltensweisen ermutigen die jeweiligen Kollegen, sich einerseits stärker zurückzunehmen bzw. sich andererseits stärker einzubringen. Entscheidend ist, sich vor Augen zu halten, dass das Verhalten anderer immer auch vom eigenen Verhalten abhängig ist. Für die Feststellung von Unzufriedenheit einiger Kollegen im Rahmen der Skalierungsübung bedeutet das, es gibt keine Schuldigen und Unschuldigen, sondern nur Mitwirkende und Mitverantwortliche. So kann zunächst jeder seinen eigenen Anteil an der Dynamik betrachten und dann eventuell Wünsche an andere Kollegen richten, wie diese hilfreich eine eigene Veränderungsbestrebung unterstützen können.

Der Blick in der Reflexion ließe sich auch auf die eigenen Möglichkeiten hinsichtlich der fachlichen Selbstverwirklichung im Team lenken. Fühlen sich Kollegen genügend gefordert oder auch unterfordert? Die Arbeitszufriedenheit hängt sehr davon ab, ob Kollegen die ihnen innewohnenden Potentiale einsetzen, weiterentwickeln und auch zeigen können.

Skalierungsblatt 6

Teammitglied: .... Datum: ....

Aussage	hoch Zustimmung — Skalierung — niedrig Ablehnung
1 Das Ergebnis unserer gemeinsamen Arbeit hätte noch besser sein können.	7 6 5 4 3 2 1
2 Ohne mich bzw. meinen Anteil wäre das Ergebnis schlechter ausgefallen.	7 6 5 4 3 2 1
3 Insgesamt habe ich mich zu oft von der Vorgehensweise eines anderen leiten lassen.	7 6 5 4 3 2 1
4 Mein Anteil am Gelingen des Ganzen war etwas geringer als der Anteil anderer.	7 6 5 4 3 2 1
5 Wir haben uns gut miteinander abgestimmt. Jeder hat auf jeden geachtet.	7 6 5 4 3 2 1
6 Die Zusammenarbeit lässt sich in einigen Punkten noch besser gestalten.	7 6 5 4 3 2 1
7 Meine anfänglichen Vorstellungen konnte ich nur zum Teil umsetzen.	7 6 5 4 3 2 1
8 Anerkennung für das Geleistete gebührt mir in gleicher Weise wie den anderen Kollegen.	7 6 5 4 3 2 1
9 Wir haben uns phantastisch ergänzt.	7 6 5 4 3 2 1

Anmerkungen:

Gesprächsnotizen:

Skalierungsblatt 7 Kreativität

Die Situation, dass ein Team an der Lösung einer schwierigen Aufgabe oder eines Problems brütet und es nicht so recht vorangehen will, kennt wohl jeder Leiter und jedes Teammitglied. Der Prozess ist festgefahren und unter Zeitdruck wird krampfhaft nach der zündenden Idee gesucht. Oft ertrinken zaghafte alternative Versuche in der bereits aufgebauten Problemtrance, letztlich wird die Lösung dann auf andere verschoben und man findet sich damit ab, nichts tun zu können. Was in solchen Situationen fehlt, ist Kreativität, die Fähigkeit eines Teams produktiv gegen festgefahrene Denkgewohnheiten, Handlungsmuster zu verstoßen und bereits Vorhandenes auf ungewöhnliche Weise so zu kombinieren, dass Neues entsteht. Für Teams, die von ihrer Profession her Probleme zu lösen haben oder auch Teams, die im Arbeitsprozess festgefahren sind oder die sich einfach ständig veränderten Umwelten anzupassen haben, ist Kreativität eine Grundlage ihres Fortbestehens.

Der Bedarf an Kreativität ist in jedem Team unterschiedlich. So braucht eine Gruppe von Fließbandarbeitern, die täglich die gleichen Handgriffe verrichtet, vermutlich weniger Kreativität als beispielsweise ein Team von Designern oder Werbegestaltern. Insgesamt jedoch hat der Bedarf an Innovation im Zusammenhang mit der gesamtwirtschaftlichen Stagnation der letzten Jahre in fast allen Unternehmen zugenommen. So ist die Pflege und das Training von Kreativität ein Bestandteil vieler Teamentwicklungskonzepte. Dass Kreativität keineswegs eine angeborene Veranlagung bzw. eine Gabe ist, die nur Künstlern oder verrückten Genies eigen ist, wurde durch die moderne Kreativitätsforschung hinreichend nachgewiesen. Steven M. Smith, einer der renommiertesten Wissenschaftler in diesem Forschungsbereich, geht davon aus, dass alle Menschen in der Lage sind kreativ zu denken, vorausgesetzt, die mentale und kommunikative Umgebung stimmt. Dies führt automatisch dazu, verschiedene schöpferische Fähigkeiten des Menschen zu aktivieren (Kraft, 2004, S.51ff). Eine solche Umgebung zeichnet sich vor allem dadurch aus, dass Neugier, der Wille zu staunen und der Mut, althergebrachte Konventionen umzustoßen sowie der Glaube an die eigenen Fähigkeiten besondere Anerkennung und

Beachtung finden. Eine Umgebung, die für Kleinkinder vielerorts selbstverständlich ist und die diesen zu wahren Entwicklungssprüngen verhilft.

Im hier vorliegenden Skalierungsblatt werden verschiedene Aspekte der mentalen und kommunikativen Umgebung des Teams gezielt wahrgenommen und individuell bewertet. Die Werte der Aussagen geben in gewisser Weise auch darüber Aufschluss, ob typische Voraussetzungen für die Unterstützung von Kreativität im Team gegeben sind. Die skalierten Werte haben keine statistische Aussagekraft, doch sie ermöglichen die Feststellung einer Tendenz im Team. Die empirische Bedeutung der einzelnen Annahmen, die hinter den jeweiligen Aussagen steht, kann hier im Einzelnen nicht näher dargestellt werden. Doch hohe Skalierungswerte der Aussagen 1, 4, 5, 7 und 8 weisen eher auf eine kreativitätsfördernde Atmosphäre im Team hin, während hohe Werte bei den Aussagen 2, 3, 6 und 9 eher auf ein Umfeld hinweisen, in dem sich Kreativität nur schwer entfaltet. Wirksamer als das bloße Feststellen von Tendenzen im Team für die Entwicklung von Kreativität ist jedoch die Reflexion von unterschiedlichen Wahrnehmungen und Standpunkten sowie das Hinterfragen und gezielte Stören von Gewohnheiten in diesem Zusammenhang. Das wird die Arbeit mit diesem Skalierungsblatt auf jeden Fall leisten.

Hinweis: Die im Skalierungsblatt aufgeführten Aussagen lassen sich natürlich auch in der Ich-Form formulieren. Statt: *„Alle im Team sind fachlich sehr neugierig“*, könnte die Aussage auch lauten: *„Ich halte mich für fachlich sehr neugierig (und besuche Fortbildungen mit besonders innovativen Themen).“* Diese Formulierung fokussiert eher die individuellen Voraussetzungen, sich kreativ im Team zu verhalten. Die Aussagen des vorgegebenen Skalierungsblattes fokussieren dagegen eher generelle Haltungen und Gewohnheiten im Team als Umgebung für situativ gefragte Kreativität.

Skalierungsblatt 7

Teammitglied: .... Datum: ....

	Aussage	hoch Zustimmung — **Skalierung** — niedrig Ablehnung
1	Vor der Lösung schwieriger Probleme nehmen wir uns eine Auszeit und lassen uns von anderen Dingen inspirieren.	7 6 5 4 3 2 1
2	Wir versuchen, gestellte Aufgaben in erster Linie richtig und nicht originell zu lösen.	7 6 5 4 3 2 1
3	Bei der Lösung von schwierigen Aufgaben greifen wir lieber auf altbewährte Vorgehensweisen zurück.	7 6 5 4 3 2 1
4	Wir erlauben uns im Team, Probleme aus verschiedenen Perspektiven anzuschauen.	7 6 5 4 3 2 1
5	Wir nehmen uns Zeit für geistige Entdeckungsreisen und beschäftigen uns auch mit anderen Fachbereichen.	7 6 5 4 3 2 1
6	Wir lösen Probleme immer nach demselben Muster.	7 6 5 4 3 2 1
7	Alle im Team sind fachlich sehr neugierig.	7 6 5 4 3 2 1
8	Wir haben genügend Mut, auch mal gegen Standardhaltungen und Normen im Team zu verstoßen.	7 6 5 4 3 2 1
9	Wir arbeiten in der Regel immer unter Druck.	7 6 5 4 3 2 1

Anmerkungen:

Gesprächsnotizen:

Skalierungsblatt 8 Motivation

Der Erfolg und die Leistung eines Teams hängen zu einem wesentlichen Teil von der Motivation bzw. der Arbeitsmoral der Kollegen ab. Ihr Engagement und die Dynamik, sich gegenseitig zu motivieren oder auch zu demotivieren, entscheidet gerade bei kleineren Unternehmen häufig über Sein und Nichtsein.

Motivation ist der persönliche Ehrgeiz, etwas zu bewegen und diese Kraft kommt nicht nur von innen, sondern wird auch von außen durch das Klima im Team angeregt. Hier, im Arbeitsalltag, im Miteinander lässt sich auch beobachten, wie es um den Motivationspegel des Teams steht. Typische Zeichen für Motivationsmangel sind beispielsweise das sich häufende Zu-spät-kommen von Kollegen, Früher-weg-gehen, Frustration, Nachlässigkeit, Wehklagen über Arbeitszustände, die sich nicht ändern lassen und die verstärkte Fokussierung von Misserfolgen sowie Problemen. Ist die Arbeitsmoral erst einmal im Keller, suchen Teams nach neuen Motivationsschüben und Teamleiter im Rahmen der Teamentwicklung nach geeigneten Mitteln zur Anhebung des Motivationspegels. Lange Zeit galten gegenseitige Wertschätzung und materielle Anreize als maßgebliche Indikatoren für Motivation. Doch auch in Teams, in denen viel gewertschätzt wird und das Gehalt stimmt, gibt es Motivationseinbrüche.

Doch welche Umstände und Zusammenhänge im Team und in dessen Umgebung wirken motivierend? Diese Frage wird sich auf Grund der hohen Komplexität, die sich im Zusammenspiel von Individuum, Team und Umwelt ergibt, auch in Zukunft nicht eindeutig beantworten lassen. So wirken beispielsweise auch materielle Zuwendungen wie ein hohes Gehalt oder verlockende Renten im Alter nur in einem sehr begrenzten Zusammenhang motivierend. Auch die viel gepriesene Identifikation eines Mitarbeiters mit seinem Unternehmen spielt für die Motivationsbildung vermutlich eine eher weniger bedeutsame Rolle als bisher vermutet. Denn kein psychisch gesunder Mitarbeiter opfert sich freiwillig für sein Unternehmen auf. Motivationsbildend ist vor allem der persönliche Nutzen, den ein Mitarbeiter durch sein Mitwirken im Team erzielen kann (Schmidt, 2001). Ob etwas auch wirklich als gewinnbringend und nützlich erlebt wird, hängt davon ab, ob auch tatsächliche Veranlagungen und Fähigkeiten bestätigt werden und ob diese im sozialen Umfeld Anerkennung erfahren. Selbstbestätigung, Anerkennung und Wertschätzung wirken auf die individuelle Bewertung von Nützlichkeit zurück.

Das Empfinden von Ungerechtigkeit gegen die eigene Person wirkt hingegen enorm demotivierend. So spielt auch das Gehalt an sich nur eine geringe Rolle für Motivation, sondern der Vergleich des eigenen Gehaltes mit dem, was andere bekommen und was sie der eigenen Meinung nach verdienen müssten. Der Vergleich kann sich auf Kollegen im Team beziehen oder aber auf ganz andere Kontexte. So kann ein völlig unterbezahlter illegaler Schwarzarbeiter viel fleißiger und motivierter arbeiten als seine hoch bezahlten deutschen Kollegen, weil er immer noch mehr verdient als der Arbeiter in seiner Heimat. Fairness stellt eine entwicklungsanregende Atmosphäre dar. Gleichbehandlung, die für viele Leiter noch immer als Handlungsideal gilt, senkt hingegen die Motivation und lähmt die Leistungsbereitschaft. Wozu sich anstrengen, sagt sich da der Kollege, hier werden alle gleich behandelt. Das große Wirtschaftsexperiment sozialistischer Planwirtschaft im so genannten Ostblock hat wohl sehr deutlich gezeigt, dass gleichgeschaltete Arbeiter nicht den Aufbau des Sozialismus und damit das Wohl aller im Blick hatten, sondern dass sich ihre Aufmerksamkeit eher auf die kleinen persönlichen Gewinne konzentrierte. Dass sich aus den volkseigenen Betrieben für die eigene kleine Datsche viel heraus holen ließ, das wusste jeder Arbeiter nur zu gut.

Motivation ist vereinfacht gesagt abhängig von den individuellen Vorstellungen von Selbstverwirklichung und den beruflichen und privaten Möglichkeiten zur Realisierung des Selbstbildes.

Skalierungsblatt 8

Teammitglied: .... Datum: ....

Aussage	hoch Zustimmung	Skalierung					niedrig Ablehnung
1 Meine Arbeit ist wichtig und sinnvoll.	7	6	5	4	3	2	1
2 Ich ziehe einen unmittelbaren Gewinn aus meiner Arbeit.	7	6	5	4	3	2	1
3 Die Kollegen erkennen meine Arbeit an.	7	6	5	4	3	2	1
4 Meine Arbeit genießt auch gesellschaftliches Ansehen.	7	6	5	4	3	2	1
5 Ich fühle mich für diese Arbeit berufen bzw. ich gehe voll in ihr auf.	7	6	5	4	3	2	1
6 Andere Kollegen bekommen für die gleiche Arbeit weniger Geld.	7	6	5	4	3	2	1
7 Wenn ich finanziell könnte, würde ich mir jetzt eine längere (6 Monate) berufliche Auszeit nehmen.	7	6	5	4	3	2	1
8 Das Team, in dem ich arbeite, ist ein wichtiger Bereich in unserem Unternehmen.	7	6	5	4	3	2	1
9 Mein Leiter erkennt meine Arbeit im Team an.	7	6	5	4	3	2	1

Anmerkungen:

Gesprächsnotizen:

Skalierungsblatt 9 Wir-Gefühl / Kohäsion

Durch gemeinsam entwickelte Normen sowie durch kollektive Erfahrungen und Ziele stellt sich in den meisten Teams mit der Zeit ein Wir-Gefühl ein. Das ist ein natürlicher Prozess, der zu einer gegenseitigen Akzeptanz führt und die für die Kooperation notwendige soziale Integration herstellt. Das Gefühl, Bestandteil einer Gruppe von Menschen zu sein, wächst durch gegenseitiges Vertrauen, kollektive Identifikationen und mit gemeinsamen Kommunikationswelten. So werden gemeinschaftliche Wirklichkeiten entwickelt und gleiche Kommunikations- und Verhaltensmuster zur Verständigung verwendet.

Soziale Integration wirkt darüber hinaus verpflichtend. So fühlt sich das Individuum als Teil einer Gruppe auch zwingend verantwortlich, die gemeinsamen Normen einzuhalten, zu schützen und notfalls gegen Fremde zu verteidigen. Wer eine Norm verletzt, läuft Gefahr, auf Grund des Zusammenhaltes der anderen Kollegen ausgestoßen zu werden. Diese Situation ruft ein Gefühl von Schuld hervor, die den Betroffenen in aller Regel veranlasst, die unterschiedlichsten Beweise seiner Dazugehörigkeit zu erbringen oder seine Schuld auszugleichen. Beispielsweise, indem er exemplarisch zeigt, dass er bestimmte Normen einzuhalten in der Lage ist oder indem er in anderer Form sein Vergehen sühnt.

Eine hohe Kohäsion im Team führt zu einer großen Intimität und Konformität. Das einzelne Mitglied fühlt sich als Teil des Teams, durch das es sich getragen und geschützt fühlt. Beziehungs- und Interaktionsstrukturen stehen fest und bieten Sicherheit für das gemeinsame Leben, Arbeiten und Lernen. Die Konformität und Loyalität zur Gruppennorm mindern die Autonomie und die individuelle Entwicklung. Je höher die Intimität und Konformität, umso stärker das Bedürfnis des Teams, sich auch nach außen hin abzugrenzen. Das Team schirmt sich damit vor neuen Entwicklungsimpulsen ab. Eine gewisse Lähmung, Starrheit und Stagnation wird spürbar. Ein Zustand, mit dem das Team sehr häufig selbst unzufrieden ist. Mit zunehmender Erstarrung wächst wiederum das Autonomiebedürfnis einzelner Gruppenmitglieder. Diese zeigen sich dann zunehmend oppositionell und destabilisieren damit das Team. Die Instabilität erhöht die

Neigung eines Teams, sich durch radikale oder moderate Ordnungsumbrüche neu zu organisieren. Eine Neuorganisation führt in den meisten Fällen zu einer Erweiterung von Individualität und Autonomie, die als Voraussetzungen für Innovation und Kreativität im Team betrachtet werden können. Konflikte, die der individuellen Differenzierung dienen, sind eine typische Begleiterscheinung aber auch ein bedeutsames Potential zur Lösung des anstehenden Entwicklungsschrittes.

Dieser Prozess kann durch verschiedene Impulse angeregt oder aber auch verzögert werden. Hilfreich für eine moderate und stärker kontrolliert ablaufende Neugestaltung der Balance zwischen Wir und Autonomie ist eine moderierte Reflexion der Kohäsion auf der Metaebene im Rahmen einer Teamentwicklung. Nützliche Anregungen erhält das Team durch die Arbeit mit dem nachfolgenden Skalierungsblatt. Die unterschiedlichen Skalierungswerte und Wahrnehmungen führen automatisch zu einer Differenzierung im Team, darüber hinaus bieten die verschiedenen Aussagen zum Thema Kohäsion genügend Gesprächsstoff sich im Team über ein angemessenes und nützliches Maß an Autonomie und Interdependenz zu verständigen.

Werden die Aussagen mit hohen Werten skaliert, spricht dies eher für ein starkes Wir-Gefühl im Team.

Skalierungsblatt 9

Teammitglied: .... Datum: ....

Aussage	hoch Zustimmung		Skalierung				niedrig Ablehnung
1 Für unser Team könnte der Leitspruch: „Einer für alle, alle für einen" gelten.	7	6	5	4	3	2	1
2 Wird ein Kollege meines Teams von außen angegriffen, fühle ich mich schon verpflichtet, ihn zu verteidigen.	7	6	5	4	3	2	1
3 Wir brauchen keine Hilfe von außen, unsere Probleme lösen wir selbst im Team.	7	6	5	4	3	2	1
4 Ich hatte in diesem Team schon oft das Gefühl: Zusammen sind wir stark.	7	6	5	4	3	2	1
5 Bei einigen Kollegen weiß man schon im Voraus, wie sie sich zu bestimmten Fragen positionieren.	7	6	5	4	3	2	1
6 Wir unternehmen auch gemeinsam Dinge, die über unsere eigentliche Arbeit hinausgehen.	7	6	5	4	3	2	1
7 Oppositionelle fallen in unserem Team sofort auf.	7	6	5	4	3	2	1
8 Unser Team hat schon etliche Tiefen überwunden, so schnell kann uns keiner was vormachen.	7	6	5	4	3	2	1
9 Die Interessen des Teams stehen über denen der Einzelnen.	7	6	5	4	3	2	1

Anmerkungen:

Gesprächsnotizen:

Frank Natho „Die Lösung liegt im Team" Edition Gamus 2013

IV. Auswertung von Tendenzen im Team

In vielen Fällen kann es nützlich sein, die Tendenz oder die durchschnittliche Haltung aller Kollegen oder Einzelner im Team zu ermitteln. Meinungs- und Haltungstendenzen lassen Hypothesen darüber zu, in welche Richtung ein Team steuert oder welche Dynamiken den weiteren Entwicklungsprozess bestimmen. Dies kann sowohl für die Problemlösung als auch für die Teamentwicklung nützlich sein.

Mit Skalierungssummen und Durchschnitten lassen sich Ist-Zustände im Team näher bestimmen. Dies erleichtert die Zielentwicklung und schafft mögliche Orientierungswerte. Ausgehend von einem ermittelten Durchschnittswert kann sich das Team fragen, ob eine Steigerung oder Verringerung des Wertes eine gewünschte Veränderung im Team bewirken würde und welcher Zielwert optimal scheint.

Stellt ein Team beispielsweise bei der Skalierung der Aussage: *„Wir arbeiten in der Regel immer unter Druck“* (Skalierungsblatt 7, Aussage 9) eine durchschnittlich hohe Zustimmung - vielleicht mit einem Durchschnittswert um 6,0 - fest, kann miteinander überlegt werden, wie viel oder wie wenig Druck die Kollegen benötigen, um ihre Arbeit schnell und dennoch mit der nötigen Sorgfalt und Kreativität durchführen zu können. Ein Zielwert um 5,0 wäre vielleicht erstrebenswert. Was muss also im Team strukturell und persönlich getan werden, um bei einer eventuellen späteren Skalierung einen niedrigeren Durchschnittswert feststellen zu können? Damit wird in gewisser Weise auch eine Art Entwicklungskontrolle möglich. Vorher- und Nachher-Werte lassen sich miteinander vergleichen.

Summen und Durchschnitte

Wenn zehn Kollegen zu einer Aussage einen Skalierungswert gebildet haben, dann lassen sich diese addieren. Man erhält dann einen Summenwert zwischen 10 und 70 zu einer Skalierungsaussage. Wird der

Summenwert durch die Anzahl der Kollegen geteilt, erhält man einen Durchschnitt. Dieser lässt sich in vielfältiger Weise vergleichen, z.B. mit den Durchschnittswerten anderer Teams des Unternehmens, in denen die gleiche Skalierungsarbeit durchgeführt wurde.

Die Durchschnitte zu einzelnen Skalierungsaussagen lassen sich auch untereinander vergleichen. So kann es äußerst interessant sein, miteinander zu überlegen, warum beispielsweise in der Nähe-und-Distanz-Skalierung einige Kollegen einen deutlich höheren Nähe-Durchschnittswert erreichen als andere. Es ist erstaunlich, dass es hier in fast allen Teams so genannte Stars gibt. Das sind Kollegen, die in der Nähe-Distanz-Skalierung besonders hohe Skalierungswerte erhalten. Ein Phänomen, das aus der Soziometrie bekannt ist. Hier werden einem Team Fragen gestellt, die nur eine Person zur Auswahl zulassen, z.B. *„Angenommen, Sie müssten eine wirklich schwierige berufliche Aufgabe lösen, mit welcher Person im Team würden Sie das am liebsten tun wollen?“* Hier stellt sich immer wieder heraus, dass die Auswahl sich auf nur wenige Kollegen konzentriert. Die Stars sind für die Gruppendynamik besonders wichtig. Sie bilden unter verschiedenen Aspekten immer wieder Knoten- und Anlaufpunkte im Kommunikationsnetz. So lassen sich signifikante Beziehungstendenzen erkennen und bei Bedarf verändern.

Beispiel Nähe-Distanz-Skalierung

Die Skalierung der Frage: *„Auf welchen Kollegen im Team kann ich mich besonders verlassen?“* (7 - ich kann mich 100-prozentig verlassen / 1 - ich kann mich nicht auf den Kollegen verlassen), könnte zu folgendem Ergebnis führen (Abb.17).

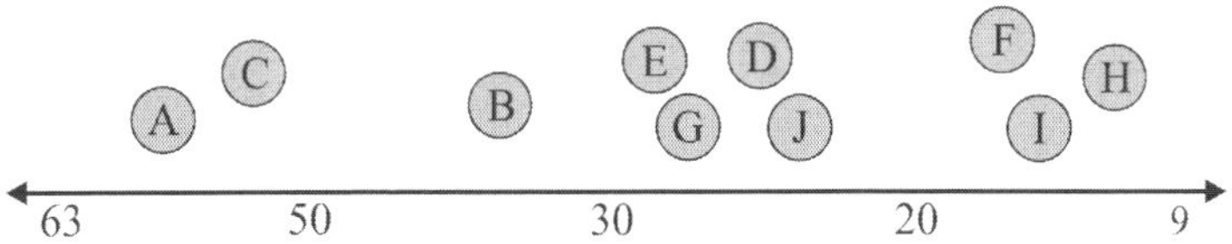

Abb. 17 Verteilung der Summenwerte

Nehmen wir an, o.g. Aussage wurde in einem Team mit 10 Kollegen (A bis J) skaliert. Das heißt, jeder positioniert sich zu den anderen 9 Kollegen. Dann ergibt sich ein maximaler Summenwert von 63 (9 x 7) und ein minimaler Summenwert von 9 (9 x 1).

Für den Kollegen A wurde der höchste Summenwert (55) ermittelt. Das heißt, er wurde von fast allen Kollegen mit hohen Skalierungswerten bedacht. Mit einem Summenwert von 55 wird bei 9 Kollegen, die skaliert haben, ein Durchschnittswert von 6,1 ermittelt. Der Kollege H erhielt lediglich einen Summenwert von 12, dies entspricht einem Durchschnitt von 1,3. Interessant wäre nun zu reflektieren, welches konkrete Verhalten, welcher Charakterzug usw. zu einer so starken Abweichung von den Mittelfeld-Skalierungen geführt hat und in welcher Weise das Team ein bestimmtes Verhalten eher unterstützt oder nicht. Gemeinsam kann reflektiert werden, welche Rolle Kollegen mit Randpositionen einnehmen und welche Erwartungen damit auch an sie gerichtet sind. In den meisten Fällen gibt es gegenüber den Kollegen, die eher eine Randposition einnehmen, spezielle Erwartungen. Diese lassen sich im Kontext der Skalierungsarbeit konkret benennen. Die Betroffenen können ihre Haltung diesbezüglich reflektieren und benennen. Gegenseitige Ansprüche und Erwartungen werden transparent und lassen sich regulieren.

Errechnungsbeispiel Kollege A

mögliche Skalierungswerte	Häufigkeit der Werte	Summe
1		
2		
3		
4		
5	2 x	10
6	4 x	24
7	3 x	21
	Summe:	**55**
	Durchschnitt:	**6,1**

Tab. 3 Summen- und Durchschnittsermittlung

Ein spezielles Formblatt, das auf die Tendenzermittlung im Zusammenhang von Nähe und Distanz zielt, befindet sich im Anhang (Skalierungsblatt D – Nähe- und Distanztendenzen, S. 124).

Zur allgemeinen Ermittlung von Durchschnitten ist das Skalierungsblatt C geeignet (S. 123). Der Leiter oder Moderator addiert die Skalierungswerte aller Kollegen, bildet anschließend den Durchschnitt und trägt diesen in die dafür vorbereiteten Spalten ein.

Tipp: Derartige Tendenzen oder Stars lassen sich auch finden, wenn man die Beziehung zu den eigenen Klienten oder zu den Kunden eines Teams skaliert und die entsprechenden Summen und Durchschnitte bildet. Hier kann man leicht feststellen, welchen Kunden- oder Kliententypus das Team bevorzugt und mit welchem es eher Probleme geben könnte.

V. Anhang

Arbeitsblatt

Problemanalyse & Hypothesenbildung

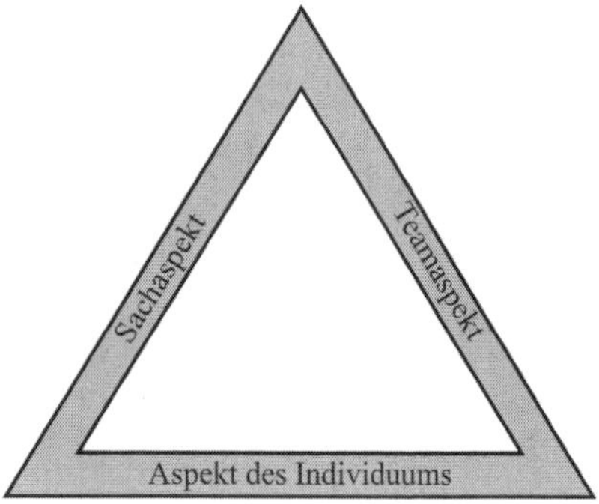

Das zu untersuchende Problem lautet:

____

____

Teamsapekt
(Mit welchen Verhaltensweisen und internen Strukturen unterstützen bzw. halten wir das Problem möglicherweise aufrecht?)

____

____

____

Sachaspekt
(Worum geht es eigentlich wirklich? Wie sieht die Sache, die hier nicht funktioniert, genau aus? Wie ist sie beschaffen?)

____

____

____

Individueller Aspekt
(Was sind meine möglichen Anteile an diesem Problem?)

____

____

____

Frank Natho „Die Lösung liegt im Team“ Edition Gamus 2013

Skalierungsblatt A - Problemlösung

Teammitglied: .... Datum: ....

Problem: ....

	Aussage	hoch Zustimmung — Skalierung — niedrig Ablehnung
Teamaspekt	1	7 6 5 4 3 2 1
	2	7 6 5 4 3 2 1
	3	7 6 5 4 3 2 1
Sachaspekt	4	7 6 5 4 3 2 1
	5	7 6 5 4 3 2 1
	6	7 6 5 4 3 2 1
Individuum	7	7 6 5 4 3 2 1
	8	7 6 5 4 3 2 1
	9	7 6 5 4 3 2 1

Gesprächsnotizen und Lösungshinweise:

Skalierungsblatt B - Teamentwicklung

Aussage / Frage	hoch Zustimmung — **Skalierung** — niedrig Ablehnung
1	7 6 5 4 3 2 1
2	7 6 5 4 3 2 1
3	7 6 5 4 3 2 1
4	7 6 5 4 3 2 1
5	7 6 5 4 3 2 1
6	7 6 5 4 3 2 1
7	7 6 5 4 3 2 1
8	7 6 5 4 3 2 1
9	7 6 5 4 3 2 1

Anmerkungen:

Gesprächsnotizen:

Skalierungsblatt C - Durchschnitt

Aussage	Summen und Durchschnitte zur Ermittlung von Tendenzen im Team	
	Summe aller Skalierungswerte	Durchschnitt
1		
2		
3		
4		
5		
6		
7		
8		
9		

Skalierungsblatt D - Nähe- & Distanztendenzen

Teammitglied: .... Datum: ....

Nähe - Distanz unter dem Aspekt: ....

....

Kollege / Kunde / Klient	Skalierung Nähe ... Distanz	Summe	Durchschnitt
1	7 6 5 4 3 2 1		
2	7 6 5 4 3 2 1		
3	7 6 5 4 3 2 1		
4	7 6 5 4 3 2 1		
5	7 6 5 4 3 2 1		
6	7 6 5 4 3 2 1		
7	7 6 5 4 3 2 1		
8	7 6 5 4 3 2 1		
9	7 6 5 4 3 2 1		

Anmerkungen:

Gesprächsnotizen:

Literatur

Bateson, G. (1999). *Ökologie des Geistes. Anthropologische, psychologische, biologische und epistemologische Perspektiven.* Frankfurt/M.:Suhrkamp.

von Foerster, H. (1995). Entdecken oder Erfinden. Wie lässt sich das Verstehen verstehen? In: H. Gumin & H. Meier (Hrsg.) *Einführung in den Konstruktivismus.* (S.41-88.) München: Piper.

Gehring, T.M. (1998). *Familiensystemtest. Manual.* Göttingen: Beltz Test GmbH.

de Jong, P. & Kim Berg, I. (2001). *Lösungen (er-)finden. Das Werkstattbuch der lösungsorientierten Kurztherapie.* Dortmund: Verlag modernes lernen.

Kraft, U. (2004). *Kreativität. Küss mich, Muse!* In: Gehirn & Geist. 4/2004 S.50-59. Heidelberg: Spektrum der Wissenschaft Verlagsgesellschaft mbH

Kriz, W. Chr. & Nöbauer, B. (2002). *Teamkompetenz. Konzepte, Trainingsmethoden, Praxis.* Göttingen: Vandenhoeck & Ruprecht.

Lauterbach, M. (2004). *Die Kunst, (sich) auf das richtige Pferd zu setzen - Metaphern zum Ritt durch Lösungsräume.* In: Kontext 35,2 S.136-152 Göttingen: Vandenhoeck & Ruprecht.

Ludewig, K., Pflieger, K., Wilken, U. & Jacobskötter, G. (1983). *Entwicklung eines Verfahrens zur Darstellung von Familienbeziehungen: Das Familienbrett.* In: Familiendynamik 8,3 S.235-251.

Luhmann, N. (1984). *Soziale Systeme. Grundriss einer allgemeinen Theorie.* Frankfurt/M.: Suhrkamp.

Manteufel, A. & Schiepek, G. (1998). *Systeme spielen. Selbstorganisation und Kompetenzentwicklung in sozialen Systemen.* Göttingen: Vandenhoeck & Ruprecht.

Natho, F. (2002). *Borderline-gestört. Systemische Arbeitsweisen in Bereichen der Jugendhilfe.* Dessau: Gamus.

Natho, F. (2004). *Selbstlernende Teams. Konzepte und Methoden. Systemische Team- und Gruppenleitung in sozialen und anderen Unternehmen.* Dessau: Gamus.

Roth, G. (2003). *Aus Sicht des Gehirns.* Frankfurt/M.: Suhrkamp.

von Schlippe, A. & Schweitzer, J. (1996). *Lehrbuch der systemischen Therapie und Beratung.* Göttingen: Vandenhoeck & Ruprecht.

Schmidt, G. (2001). *Hypno-systemische Teamentwicklung. Auf dem Weg zum Dream Team.* In: Zeitschrift für systemisches Management und Organisation „Lernende Organisationen" Nr. 2. (S.6-17). Wien: Institut system. Coaching und Training.

de Shazer, S. (2004). *Das Spiel mit den Unterschieden. Wie therapeutische Lösungen lösen.* Heidelberg: Carl-Auer-Systeme Verlag.

Watzlawick, P., Beavin, J. & Jackson, D. (2000). *Menschliche Kommunikation. Formen, Störungen, Paradoxien.* Göttingen: Huber.

Jeder Team- oder Gruppenleiter versucht, die Fähigkeiten seiner Teammitglieder zu nutzen. Wenn Mitarbeiter sich einbringen können, sind sie motivierter und einsatzbereiter. Das Konzept des Selbstlernens, das der Autor in diesem Buch entwirft, unterstützt das Anliegen vieler Leiter und Teammitglieder. Es werden spezielle Methoden der Teamleitung vorgestellt, die das Lernen von- und miteinander im Team fördern. Ein Nachschlagewerk mit vielen konkreten Methoden und Anregungen für die systemische Teamleitung.

Selbstlernende Teams

Konzepte und Methoden

Systemische Team- und Gruppenleitung in sozialen und anderen Unternehmen

ISBN 978-3-9807649-3-3;
288 Seiten; 12 Abbildungen; 24,80 € (2004)

Das Buch beschreibt, wie es Kindern und Jugendlichen geht, wenn sie aus der Familie herausgenommen und im Heim untergebracht werden. Der Autor hat die Kinder zu ihrem Trennungserleben befragt und bietet hilfreiche Vorgehensweisen und Methoden für die Trauerarbeit mit Kindern an. Neben theoretischen Exkursen zu Themen der Bindungs- und Emotionsforschung findet der Leser Anregungen zur Arbeit mit Ritualen, Märchen, Entspannungstechniken und Tierfiguren. Ein Buch aus der Praxis für die Praxis.

Bindung und Trennung

von Eltern und Familie getrennt- Trauer- und Trennungsprozesse von Kindern und Jugendlichen professionell begleiten

ISBN 978-3-9807649-8-8;
280 Seiten; 17 Abbildungen; 24,80 € (2007)

Hörbuch - Bindung und Trennung

von Eltern und Familie getrennt- Trauer- und Trennungsprozesse von Kindern und Jugendlichen professionell begleiten

2 CD ISBN 978-3-9807649-9-5; 9,95 € (2007)
Dieses Hörbuch, gelesen von Eileen Greunke, gibt einige wesentliche Texte aus dem gleichnamigen Fachbuch von Frank Natho wieder.

Traumatisiert und borderlinegestört, das sind seit einigen Jahren viele Kinder und Jugendliche, die sich in Jugendhilfeeinrichtungen befinden. Um diese Kinder angemessen und störungsspezifisch zu betreuen und zu erziehen, braucht es in der Heimpädagogik neue Ansätze und Haltungen. Der Autor stellt in diesem Buch traumapädagogische und systemische Arbeitsweisen und Haltungen vor, die geeignet sind, diesen Kindern zu helfen. Dabei werden klassische Erziehungsansätze in Frage gestellt und auf ihre Wirksamkeit hin untersucht. Er deckt manche Macht- und Kontrollansprüche traditioneller Erziehungsansätze auf und zeigt, wann Konsequenzen auch Strafen sind. Er entwirft ein traumapädagogisches Konzept, welches auf Vertrauen und Beziehung setzt und erzieherische Kontrollansprüche überwiegend ablehnt. Vorgestellt wird auch ein speziell für die Jugendhilfe entwickeltes Selbstfürsorgetraining für Kinder und Jugendliche. Hierfür gibt es konkrete methodische und didaktische Handreichungen für den pädagogischen Alltag.

Traumatisiert & borderlinegestört

Systemische und traumapädagogische Arbeitsweisen in der Jugendhilfe

2. überarbeitete und erweiterte Neuauflage

ISBN 978-3-940789-02-0;
338 Seiten; 24,80 € (2011)